Fritz Fenzl

Kraftorte selbst finden

FRITZ FENZL

Kraftorte selbst finden

Wegweiser zu magischen Plätzen und Quellen der Heilung

nymphenburger

»Das Wunder ist nicht Aufhebung,
sondern Erfüllung der natürlichen Ordnungen.
Hierüber wäre vieles zu sagen ...«

ROMANO GUARDINI

Besuchen Sie uns im Internet unter
www.nymphenburger-verlag.de

Schutzumschlag: Wolfgang Heinzel
Schutzumschlagmotiv: Premium, Düsseldorf
Satz: Schaber Datentechnik, Wels
Gesetzt aus 11/14,5 Punkt Trump-Mediäval
Druck und Binden: GGP Media GmbH, Pößneck
Printed in Germany
ISBN 3-485-01026-X

Inhalt

Die Magie des Ortes 7

Das Wissen vom heiligen Ort 9 · Der Umgang mit der Zeit 13 · Das Wirken von Wundern 18 · Das Gitternetz der Kraftlinien 20 · Der Fluss des Lebens 24

Die Sprache des magischen Ortes 29

Die Bibel und ihre Kraftorte 31 · Sagen, Märchen, Mythen 35 · Poesie als Seelenbild 42 · Runen richten Orte aus 44

Die magische Kraft der Jungbrunnen 47

Wasser ist Leben 49 · Die Anziehungskraft des Wassers 52 · Der Jungbrunnen 57

Der Geist des Ortes 65

Die innere Einstellung 67 · Die Unterscheidung der Kräfte 71 · Der heilige Raum 75 · Der rechte Pfad 83 · Das persönliche Ritual 88

Der Kraftort-Kalender 93

Der Jahreskreis und seine Feste 95 · Namenstage sind Krafttage 101 · Die tiefe Bedeutung der Ortsnamen 104 · Die alten Monatsnamen 107

Orte der Liebe 111

Begegnungen sind kein Zufall 113 · Das beschützende Wort 118 · Die heilsame Veränderung 121

Die sieben hermetischen Prinzipien 125

Das Prinzip der Geistigkeit 127 · Das Prinzip der Entsprechung 129 · Das Prinzip der Schwingung 131 · Das Prinzip der Polarität 134 · Das Prinzip des Rhythmus 136 · Das Prinzip von Ursache und Wirkung 139 · Das Prinzip des Geschlechts 142

Kirchen als Kraftorte 145

Das Urwissen vom rechten Ort 147 · Die Symbolik des Kirchenbaus 149 · Der heilige Innenraum 151 · Der Turm als Sender 155

Kraftorte im eigenen Haus 159

Ort ist nicht gleich Ort 161 · Der eigene Lebensbereich 164 · Die Wohnräume und ihre Bedeutung 168

Die Magie des Ortes

Das Wissen vom heiligen Ort

»Am Anfang schuf Gott Himmel und Erde; die Erde aber war wüst und wirr, Finsternis lag über der Urflut und Gottes Geist schwebte über dem Wasser.«

Betrachten wir, bevor wir uns zu heiligen Orten aufmachen und ihre magische Kraft kennen lernen, aufmerksam und voll Hingabe die Schöpfungsgeschichte der Heiligen Schrift. Gott erschuf nicht nur Erde, Wasser, Tiere und Mensch, also Leben in jeder Weise, er erschuf mit seiner vorgegebenen Ordnung der Orte eben auch ganz besondere Orte: Kraftorte!

»Ein Gewölbe entstehe mitten im Wasser und scheide Wasser von Wasser ...«

Kraftplätze sind deshalb Geschenke der Schöpfung, sind Ausdruck des Göttlichen hier auf Erden und sie verweisen auf die Ewigkeit, die Zeit-losigkeit.

Von acht Tagen spricht die Schöpfungsgeschichte und gleichzeitig erschafft die Schöpfung sich ununterbrochen neu, wie man aus der Teilchenphysik heute weiß.

In diesem Sinne sind Kraftplätze immer Orte bewusster beständiger Neuschöpfung! Es sind Plätze, an denen das Göttliche erfahrbar wird und dem Leben in jedem Augenblick eine neue Richtung gegeben werden kann.

»Das Wasser unterhalb des Himmels sammle sich an einem Ort …«
Diesen Ort gilt es erspüren zu lernen, zu erkennen. Es gibt den guten Ort, den wahren Platz, in der Sprache unserer Zeit den heiligen Platz, den magischen Platz.
Dieser Magie wollen wir uns annähern und die Orte finden, die uns gut tun. Unsere Orte der Kraft entdecken und sie bewusst für unser Leben nutzen.
Es gibt bekannte Kraftplätze, aber auch ganz unscheinbare Plätze, vielleicht ein Platz in Ihrem Garten, an dem Sie »auftanken« können, eine Waldlichtung, ein kleiner Bach.
Wichtig ist, dass Sie lernen, hinzuspüren, in guten Kontakt zu kommen mit der Natur, und die Geschenke der Schöpfung wahrnehmen lernen. Das Bewusstsein um den Kraftort bedeutet religiöses Einweihungswissen.
»Und Gott sah, dass es gut war.«
Heute wie zur Zeit (Nicht-Zeit) der Schöpfung ist die Erde mit einem Gitternetz von Kraftlinien überzogen. An den Kreuzungen dieses »webs« ist Außergewöhnliches möglich – und spürbar.
Ebenso in den so genannten Raum-Zeit-Tunnels. Dort ist Verjüngung und beständige Transformation selbstverständlich. Ein Zauberquell, ein Jungbrunnen hebt immer die Zeit auf.
»Mit anderen Worten entkommt der perfekte König, der zu mythischen Zeiten in einem traditionellen Zentrum regiert, den Zwängen von Raum und Zeit, da er sich an ihrem Schnittpunkt befindet.«

So berichtet es das Grundlagenwerk von Françoise Le Roux und Christian-J. Guyonvarc'h mit dem Titel »Die Druiden« in einem besonderen Kapitel über das Einweihungswissen von Raum und Zeit im Druidentum.
Doch nicht nur Druiden, also keltische Hohepriester, wussten um den Ort. Das Wissen findet sich auch in den eindeutig ortsbezogenen Aussagen der Bibel und ist auch heute noch vielerorts erfahrbar.
Denn besondere Orte, nennen wir sie magische Orte, sind nicht nur »schön« im Sinne eines lohnenden Ausflugszieles: Diese Orte wirken. Sie sind im doppelten Sinne wirklich, da sie Wirkung tun: Sie verändern.
Der Besucher spürt dies als Wirkung an Leib und Seele, er fühlt sich gehoben, zentriert oder aber auch gedrückt. Auf alle Fälle immer anders als vorher.
Warum, glauben Sie, dass Tempel und Tempelbezirke in der Bibel und Mythologie eine so zentrale Rolle einnehmen? Der Tempel steht zumeist erhaben im heiligen Bezirk oder auf einem heiligen Berg. Und er wirkt.
Allerdings zumeist nur für den, der um die Wirkung weiß.
Seien Sie also selbst der Hohepriester in Ihrem Tempel.
Der mächtigste Tempel ist oft die Natur selbst, wenn man um »die Plätze weiß«.
Es gibt ein paar Kriterien, die einen magischen Platz auszeichnen, doch das wichtigste Kriterium sind Sie selbst und Ihre Bereitschaft, sich zu öffnen.
Stellen Sie sich zum Beispiel fließendes Wasser vor oder betrachten Sie direkt einen Bach.

Sie schauen dem fließenden Wasser zu und wissen: Es strebt immer dahin, wohin es muss. Wenn Sie die tiefe Weisheit fließenden Wassers begreifen und Ihr Leben danach ausrichten, entdecken Sie die heilende, helfende Kraft des Wassers. Wasser ist gescheiter als wir, weil es einfach den Gesetzen der Schöpfung folgt, der »höheren Macht«. Auch wenn Sie am magischen Ort das Wasser vielleicht nicht sehen, weil es unter Ihnen fließt, es ist da! Geben Sie Belastendes ab, das Wasser führt alles mit sich mit.

Der Umgang mit der Zeit

An magischen Plätzen ist die Dimension der Zeit eine andere. Viele Sagen variieren das Zeitthema, erklären auf liebevolle Weise die Verjüngung oder Bewahrung. Und immer bleibt eine solche Zeitdehnung gebunden an einen bestimmten dafür vorgesehenen Ort.
Die Sage vom Jungbrunnen beispielsweise ist legendär, nur wo ist dieser sagenhafte Quell allen Lebens? Ist er eine Erschaffung unseres Geistes? Benennt wiederum der Geist den Ort?
Einer der bekanntesten Orte, an dem die Zeit aufgehoben ist, sei der mysteriöse Raum-Zeit-Tunnel im Untersberg, einem hohen und unheimlichen Berg- und Felsenmassiv zwischen Berchtesgaden und Salzburg. Die Untersbergsage kündet von der Zeitlosigkeit, denn der im tiefsten Inneren der Erde/des Berges schlafende Eingeweihte (Wotan? Barbarossa? Friedrich II.?) überwindet die Zeit.
Wer an diesem Ort generationenlang schläft, der altert nicht oder altert kaum.
Und nicht nur das: Er wird wiederkommen …
Tatsächlich verschwinden im Untersberg immer wieder reale Menschen. Wenn sie dann wieder auftauchen,

gefunden werden oder selbst den Ausgang finden, dann ist stets viel mehr Zeit vergangen, als diese Wanderer dachten. Daran sehen wir, dass unser so genanntes Denken täuscht und uns in die Irre führt.
Tatsächlich entspringt am Fuße des Untersberges ein kühler Quell, ein »Weihbrunn«, wie sich ein einheimischer Wissender ausdrückte. Es verwundert nicht weiter, dass diese Wasser tatsächlich verjüngen!
Der Brunn will wie viele hochwirksame magische Punkte gefunden werden. Dazu müssen Sie sich auf den Weg machen.
»Wir haben genug der Berichte aus dem Altertum, als noch die Einweihungsbräuche öffentlich bestanden, dass die Menschen, die sie durchmachten, von nun an keine Furcht mehr vor dem Sterben besaßen«, schreibt Sergius Golowin in »Die Magie der verbotenen Märchen«.
Gibt es etwas Bedeutenderes für die Psyche eines noch lebenden Menschen, als die Angst vor dem Tod zu überwinden? Als diese Urangst verlieren zu dürfen?
Zu diesem ersehnten Verlust der Angst, also dem wachsenden Vertrauen auf die Zukunft in der zunächst noch unbekannten Anderswelt, gehört das sichere Wissen, dass Zeit nicht gleich Zeit ist.
»Er oder sie ist dann in der Ewigkeit«, meint der Volksmund, wenn jemand gestorben ist, und hat gar nicht so Unrecht: Die Zeit, die wir leben und erleben, ist nicht gleich der zeitlosen Ewigkeit. Und doch kann diese

auch in der Lebenszeit an besonderen Orten erfahren werden.
Dies ist ein Geheimnis des Lebens. Wenn nicht das Geheimnis schlechthin.
Vielleicht bemühen sich deshalb Sagen, Mythen und Märchen, die Dehnung der Zeit, wie sie eben unter besonderen Umständen und an besonderen Orten möglich ist, zu erklären.
Ein Beispiel hierfür ist die Vielzahl von Geschichten, die sich um den Dornröschen-Schlaf ranken. Erinnern Sie sich: Zauberschloss (magischer Ort), richtiger Zeitpunkt, Dornengestrüpp (zugewachsenes Einweihungswissen), Erlösung. Warum durch Liebe? Weil Liebe keine Zeit kennt.
Oder denken Sie an Schneewittchen, die den Heilschlaf im Glassarg (!) übersteht, bis die Zeit, ihre Zeit, die richtige ist. Und die richtige Zeit ist immer die Erlösungszeit.
Auch Jesus Christus schlief den Schlaf der höchsten Einweihung, drei Tage lang, stellvertretend für uns.
»Zeit wird nicht mehr sein …«, steht über einem monumentalen, gemalten Himmelsportal der Wieskirche in Bayern.
Das Imago, das Bild, öffnet uns Tore zur Anderswelt. Ebenso ein Gebet, es durchmisst Raum und Zeit.
Einerseits wird also durch Gebet und Rituale die Zeit aufgehoben, kann es Jungbrunnen, Weihbrunnen, Himmelstore geben. Andrerseits ist »das Ritual ein in Form gebrachter Wille«, so schreibt Maureen L. Belle in »Gaia-

mantie«. Dieser Wille, der die Form gezielter Handlungen der Kraftortgänger und bewusster Ausschmückung annimmt, wechselt je nach der Schwingung der jeweiligen Jahreszeit und wechselt somit synchron zu den damit verbundenen Kräften.

Selbstverständlich ist dieser ritualisierte Zeitbezug auch im Kirchenjahr bekannt.

»Alles zu seiner Zeit«, besagt das Sprichwort ganz zu Recht.

Für magische Orte trifft dies im Besonderen zu. Denn übersinnliche Kraft, Wunder, Heilung – sie sind vor allem an Ort und Zeit gebunden.

Es gibt den »rechten Augenblick«. Auch die Schöpfung beachtet Raum und Zeit, wie die Genesis berichtet. Gott achtete sehr genau darauf, die Rangfolge der Schöpfung mit einer ebensolchen Rangfolge der Schöpfungstage konform gehen zu lassen. Der Zeitfaktor spielte eine zentrale Rolle, vor allem dann, wenn die zeitlose Macht (Gott) in die zeitliche Schöpfung hineinwirkte. Wie sollte das bei ausgewiesenen Orten dieser Schöpfung anders sein? Mehr noch: An solchen Plätzen ist ein direkter (wiederum zeitloser) Rückbezug zur Ur-Schöpfung möglich.

Wer seine Zeit kennt, wer zur rechten Zeit am rechten Ort ist, dem steht das Leben offen. Schöpfung ist gewolltes Leben.

Die richtige Zeit zu erkennen, zu wissen, wer wann mit welcher Gesinnung an welchem Ort sein soll, ist ein Unterfangen, das viel Feinfühligkeit und Intuition vo-

raussetzt. Ich schule in Seminaren und vor allem auf Führungen die Menschen darin, ihren eigenen, individuellen magischen Ort zu erkennen.
Ein wertvoller Hinweis zur Erkennung der richtigen Zeit ist der Namenstag oder der Geburtstag. Oder beides. Weder Name noch Tag der Geburt sind zufällig, sondern weg-weisend!
Ein kleines Beispiel soll verdeutlichen, was im Folgenden ausführlich erklärt wird. Ein Mann namens Georg sucht im Quartal seines Geburtstages, sagen wir an einem schönen Herbsttag, eine besondere Georgskirche auf oder nähert sich dem magischen Georgsstein, der von den reißenden Wassern der Isar umspült wird. Entsprechende Gedanken der Verjüngung und des Übertritts in die Anderszeit ergeben sich dann von selbst.
In diesem Sinne will dieses Buch Sie anleiten und führen, Ihnen Tipps und Anregungen geben, sodass Sie mit Ihrer eigenen Kraft und der göttlichen Kraft der Schöpfung im Einklang leben können.

Das Wirken von Wundern

Die Elektrizität bringt uns dem Verstehen dessen, was »Wunder« sind, recht nahe. Elektrischer Strom wirkt, ist wirksam, er gestaltet und vernichtet. Es gibt Schulbücher und hoch qualifizierte Erklärungen, die allesamt sehr »spannend« sind. Und doch: Was ist Strom? Wie sieht er aus? Warum gibt es ihn und seine allgegenwärtige Macht?

Niemand wird seine Wirkung bestreiten. Strom ist wirksam, bewirkt eine Veränderung. Ebenso ist es bei den Wundern. »Das Wunder ist nicht Aufhebung, sondern Erfüllung der natürlichen Ordnungen. Hierüber wäre vieles zu sagen …«, schreibt Romano Guardini in »Wunder und Zeichen«.

Ebendiese Suche nach Wundern führte mich zu Orten der Kraft.

Wunder sind niemals zu erklären, doch ihre Wirkung ist Tatsache und vielfach beschreibbar. Da das Wunder so plötzlich, so zeitlos und zeitungebunden daherkommt (mit anderen Worten: Das Wunder geschieht, wann und wie es will, denn es ist Gnade, sonst nichts), haben Wunder eine recht seltsame Dramaturgie. Oft wohnt Wundern sogar etwas Komisches inne, denn die Beteiligten sind überrascht, überwältigt und perplex. Auch die spontane Gesundung und Verjüngung ist ein Wunder. Gehen Sie an einen der bekannten Wunderorte und warten Sie ab. Das Leben hält viele Wunder bereit.

Mit dem uralten Wissen um Wunderorte und Ortsmagie begeben Sie sich auf ein Gebiet, ein Areal der Kraft und der mannigfachen Kräfte im wörtlichen und übertragenen Sinne: Es ist dies ein materielles und ebenso rein geistiges, spirituelles Wissen, das es wahrhaft in sich hat.

Dieses Wissen ist uralt, das Wissen unserer Ahnen, das seit der Zeit der Industrialisierung – vielleicht sogar seit der Aufklärung und dem damit einhergehenden Triumphzug des Verstandes – weitgehend negiert, vernachlässigt, belächelt wurde und schließlich verloren ging.

Mehr noch: Dieses Wissen wurde gezielt und aggressiv bekämpft und mit Gewalt unterdrückt – letztlich bis heute.

Es ist ein uraltes Wissen über Harmonie, Schöpfung, Natürlichkeit im Sinne des reinen Schöpfungsgedankens.

Wer die Magie der Orte verstehen will, wer die wirkende Kraft des rechten Ortes erfahren will, der braucht gar nicht so viel zu denken: Er muss nur die Natur anerkennen, hinsehen und sich führen lassen.

Das Gitternetz der Kraftlinien

Die Erde ist überzogen von einem Gitternetz der Kraftlinien. Stellen Sie sich einen Kristall vor, so groß wie die Erde, kunstvoll geschliffen von einem einzigartigen Meister, von natürlicher, sich selbst ergebender Harmonie – und Sie haben die Verbindungslinien.

In diesem Netzwerk sich überkreuzender, die Erde umspannender, schnurgerader Linien entstehen Schnittstellen mit immer gleichen Winkelmaßen. Das Thema, weitergeführt, weist hin zur heiligen Geometrie, der MER KA BA, und den magischen Zahlen des Lebens.

In Bayern ist dieses Gitternetz deutlich an dem allgegenwärtigen Rautenmuster zu erkennen, die Raute (Rute) das Herrschaftszeichen. Dies drückt sich auch in den Ortsnamen mit »Rott« aus: Rottalmünster, Rottenbuch, Rott am Inn.

Die Raute ist natürlich keine rein bayerische Angelegenheit. Das sich durch kreuzende Linien ergebende Muster wirkt weltweit; nur sind anderswo die Kraftorte nicht so bewusst und wissend genau in Rautenform sichtbar wie in Bayern. Die kosmischen Einstrahl-Orte wurden dort erkannt und genutzt, zumeist jedoch auch nur von den Wissenden, von Eingeweihten und Priestern (Druiden).

Eine genauere Untersuchung des Welt-Gitternetzes würde ein grundlegendes Werk füllen und hier zu weit führen. Interessierten sei das Buch »Geomantie in Mitteleuropa« von Jens M. Möller empfohlen.
Er weist u. a. darauf hin, dass die nachweisbaren kristalloiden Gitterstrukturen der sich abkühlenden Erde schon lange bekannt sind.
Was für uns Kraftort-Sucher dabei zählt, ist Folgendes: An den Kreuzungspunkten des Gitters finden sich »besondere erdmagnetische Kraftfeldstrukturen«, die, wie bei Möller ausdrücklich betont wird, »mit kosmischer Einstrahlung interferieren«.
In Deutschland ist solch ein zentraler Kraftpunkt zum Beispiel das Gebiet der EXTERNSTEINE BEI PADERBORN, Freunden magischer Orte sämtlicher Couleur seit Urzeiten bekannt und lieb. Dazu kommen: die INSEL HELGOLAND, der DOM VON LIMBURG AN DER LAHN, die BEFREIUNGSHALLE BEI KELHEIM, der BLAUTOPF BEI KAUFBEUREN, der UNTERSBERG zwischen Berchtesgaden und Salzburg und die ROSENINSEL IM STARNBERGER SEE und nicht zu vergessen das legendäre SCHLOSS NEUSCHWANSTEIN in den Allgäuer Alpen, das nicht nur aus touristischen Gründen von Kennern aus der gesamten Welt besucht wird und das dem feinfühligen Walt Disney als Ur-Schloss für den Film Cinderella (Dornröschen) und das von ihm bewusst gewollte zentrale Bauwerk in Disneyland/Florida (Schnittstelle des Welt-Gitternetzes!) gedient hat.
Es gibt viele, viele andere Orte mehr. Sie werden im Verlaufe dieses Buches lernen, solche Orte, wie sie in

allen Bundesländern und natürlich auch in den Nachbarländern verteilt sind, selbst zu erfühlen, zu entdecken und für sich und andere zu nutzen.

Es gibt unzählbar viele andere – geheime und bekannte – Stätten. Unser Motto lautet: Hingehen, suchen, erfahren.

Auf diesen Linien, insbesondere den Schnittpunkten, wirken Kräfte, die alles, was Menschen tun, was Menschen wollen und empfinden können, verstärken. Modern gesagt: Es sind Katalysatoren des Seins.

Geomantische Kraftlinien des Gitternetzes sind nicht an die Erde allein gebunden, sie haben Verbindung zum Kosmos, zum ewigen Sein. Und es ist kein Zufall, dass sich alle Bodenfunkstationen der Erde, alle so genannten »Raumfahrt-Bahnhöfe« und wichtigen Satellitenschüsseln auf solchen magischen Linien oder Schnittpunkten befinden.

Wie bereits gesagt: Das Wissen darum ist uralt. Früher wusste der Mensch ganz selbstverständlich davon, ebenso von den ewig wiederkehrenden Zyklen des Da-Seins, den Quellen, Wasseradern; er wusste um Zeiten der Fruchtbarkeit und des Schlafes der Erde …

Und es gab schon immer weise Menschen, Schamanen, Eingeweihte, in unseren Breiten Druiden und Seher, die solche Plätze und Linien kannten, fanden und nutzbar einsetzten.

Dort errichtete man heilige Haine, Kultplätze, Orte des intuitiven Denkens und der Gottfindung.

Diese Orte »schwingen«. Sie vibrieren anders als die Umgebung und machen damit andere Mit-Schwingungen möglich. Zwischen Menschen kennt man dieses Phänomen als Sympathie und Abstoßung.

Magische Orte, Orte der Wandlung, Jungbrunnen, Kraftort, Kraftplatz, guter Platz, Ley-Line, Wachstumslinie, Alignement, Drachenpfad, Schlangenlinie, Gitternetz, geomantische Linie, Omphalos, Vortex-Punkt; und viele andere Bezeichnungen mehr gibt es.

Und es lohnt sich, die Benennungen meditativ zu verinnerlichen. Zum Beispiel Ley-Line und Lore-Ley-Felsen? Die schöne Loreley scheint zu wissen, wo sie sitzt.

Und wie oft haben Sie nicht schon gesagt: »Es geht mir auf der ganzen Linie schlecht oder gut.« Es gibt viel zu entdecken für denjenigen, der bereit ist, sich zu öffnen und die Wunder der Schöpfung wahr-zu-nehmen.

Der Fluss des Lebens

»Leben pulsiert«, sagt man und meint vielleicht das hektische Großstadtgetriebe. »Der Verkehr fließt.«
Solche Vergleiche und Bilder, die den Lebensfluss beschreiben, sind nicht zufällig. Leben ist Kraft und Kraft ist selten »einfach da«. Kraft entlädt sich im Fluss, Kraft muss irgendwohin, Kraft zeigt sich in ihrer Wirkung.
Im Gegensatz dazu ist göttliche Kraft einfach da, im Sinne von »sie tut sein«.
Sie gehorcht dem großen Schöpfer, verharrt wartend, zum kosmischen Bersten aufgeladen, bis das Werk der Schöpfung beginnen darf. Über diesen Gottespunkt (schönes Wort, finde ich) zu spekulieren, geht über den Rahmen dieses Buches weit hinaus. Vielleicht ist der Gottespunkt die Liebe?
Hier auf Erden, auch im All, ist Kraft wirksam, zumeist sichtbar. Dies zeigt der Lauf der Gestirne und das stete Zum-Meer-Streben der Flüsse und Ströme auf dem Blauen Planeten.
Adern sind die Kanäle des Lebens; durch unsere Adern fließt Blut, durch das Adernetz der Flussbette eilen die Wassermassen der Erde, streben ihrer Bestimmung zu,

man spricht von Goldadern und sogar von Geldadern und Geldquellen und natürlich von Wasseradern. Generationen von Wünschelrutengängern reden von Adern, doch nötigen die meisten Rutengänger in Deutschlands Auen und Fluren den Entitäten der magischen Orte, den Elfen, Gnomen, Quellgeistern meist nur ein gurgelndes Lachen ab.

Ein seriöser Rutengänger und Brunnenbauer im Allgäu staunte nicht wenig, als ich ihn ohne Rute und ohne Biotensor auf Adern in sattgrünen Allgäuer Wiesen und auch im Wald aufmerksam machte, die er dann mit der Rute verifizierte.

Menschen können lebendige Wünschelruten sein, eine Fähigkeit, die man mit extremer Wetterfühligkeit vergleichen darf.

Vielleicht haben Sie diese Begabung schon bei sich entdeckt und auch festgestellt, dass Sie es nicht immer leicht haben in diesem Leben, weil Sie allzu viel mitbekommen von den verborgenen Schwingungen des Seins.

Der menschliche Körper besteht zu siebzig Prozent aus Wasser. Alles schwingt, alles bedingt sich, alles steht in lebendiger Verbindung. Wie sollen Sie da, besonders wenn Sie die Begabung zulassen und kultivieren, das Wasser um Sie herum und unter sich nicht mitbekommen und spüren!

»Die Bewegung der Gezeiten, die Strömungen des Meeres, die Flüsse und Bäche unterscheiden sich in gewissem Sinne nicht von der Ebbe und Flut der Flüssigkeiten in unserem Körper«, schreibt Maureen L. Belle.

Alles fließt. Entwickeln Sie ein immer tieferes Verständnis für diese Tatsache des Lebens, werden Sie bald feststellen, wie sehr Sie mit allem verbunden sind. Darum geht es in diesem Buch, sodass Sie Ihre Feinfühligkeit wieder wahrnehmen. Alles ist da. In jedem von uns. Und mit der entsprechenden Aufmerksamkeit kann es sich entwickeln.

Unübersehbar sind die Zusammenhänge vom Gitternetz der Kraft, den hochenergetischen Schnittstellen dieses Netzes und von Wasser und Wasservorkommen. Viele der bedeutendsten magischen Orte hängen mit Wasser untrennbar zusammen, sei es in Form von Flüssen, Seen, Quellen oder unsichtbaren Wasseradern unter der Oberfläche.

Denken Sie an den Blautopf bei Kaufbeuren und die Sage von der schönen Lau, denken Sie an die Magie der Nord- und Ostseeinseln oder gar der Britischen Inseln.

Betrachten Sie aufmerksam die oben genannten magischen Orte, noch besser, gehen Sie hin oder besuchen Sie Plätze von ähnlicher Energie und Güte. Sie werden immer feststellen, dass Wasser eine bedeutende Rolle spielt, selbst dann, wenn das Wasser nicht direkt sichtbar ist. Immer ist es da, manchmal unter der Erde und in allen Fällen wirkt das Element, weil es sich bewegt. Es gilt heute als erwiesen, dass die Bewegung des Wassers, wie wir diese an Bächen, Flüssen und Strömen genießen können, fast alles heilt, was dem Menschen das Menschenleben schwer macht: Vor allem trübe Gedanken, Schwermut, Depression, Niedergeschlagen-

heit. Und diese Gedanken sind zumeist der Beginn (oder die Steigerung) anderer körperlicher Leiden.
Wasser bewegt sich und es ist bewegend. Wo Bewegung ist, ist Leben. Wasser verkörpert die Pilger-Idee (Lebensfluss) in reinster flüssiger Form. Probieren Sie es einfach aus!

Die Sprache des magischen Ortes

Die Bibel und ihre Kraftorte

Zu allen Zeiten, in aller Herren Länder gehört das Wissen um den magischen Ort zu dem, was die dort und damals herrschende, meist kleine Kaste von Priestern, Eingeweihten, Medizinmännern, Gurus, Schamanen, wie immer auch die Bezeichnung sein mag, auszeichnet.

Für unseren christlich geprägten Kulturkreis, das heißt letztlich für unsere aus dem Umfeld des Heiligen Landes entstandene und geprägte Spiritualität, ist natürlich die Bibel das entscheidende Buch. Dies gilt gleichermaßen für das Alte und das Neue Testament.

Zugegeben, es gibt viele Arten, die Bibel zu lesen und aus ihr Verborgenes herauszulesen. Vielleicht soll das auch so sein.

Wenn Sie sich allerdings die Mühe machen und beim Lesen einer jeden Seite der Heiligen Schrift beobachten, welche penible Sorgfalt die unbekannten Schreiber, jene inspirierten, wissenden, eingeweihten Verfasser der zeitlosen Zeilen des Heils, auf den jeweiligen Ort legten und legen, wie sie den ausgewählten Platz ins Bild rücken, können Sie viel entdecken: das Feld der Opfergabe oder der Schlacht, das Gebirge, das gottgesuchte

Areal, welches das zu schildernde Ereignis trägt. Sie werden staunen.

Die Bibel entpuppt sich dann schnell als geniale Anweisung zum Erkennen von energetischen Zonen und Punkten und sie stellt nahezu auf jeder Seite klar, wie wichtig das Wissen um den Platz ist, die Stelle am Wasser, der Platz der Gottesbegegnung usw.

Dabei werden negative Orte (Golgatha) ebenso sorgfältig hervorgehoben wie positive (Bethlehem, Stelle der Taufe im Jordan, Verklärung auf dem Berg).

Entdecken Sie die Bibel neu! Sie werden sehen, dass der Ort sehr oft schon bei der wegweisenden Überschrift als wichtig erkannt wird, ja, dass ohne den Ort der sinngebende Inhalt nicht denkbar wäre: Bergpredigt, Versuchung in der Wüste, Schädelstätte …

Die Agierenden der Bibel sind wahre Kenner magischer Orte und des uralten Wissens, wie man die Kraft eines Ortes bewusst und gezielt zum Einsatz bringt. Kein Wunder: Handelt es sich doch um Urväter, Seher, Propheten, Berufene, Heilsbringer und auch -verhinderer, wenn nicht gar um Engel oder gar den Teufel.

Warum wählt der Teufel bei der Versuchungsgeschichte die Wüste? Warum wählt Christus die Wüste ebenso, um der Versuchung zu widerstehen?

Die Wüste ist das klassische Areal »ohne Wasser«. Wenn kein Wasser da ist, fehlt ein Teil des Lebens. Wasser ist Leben. Nur ein einziger Mensch, der Gottmensch Jesus, konnte im Bereich ohne Wasser der Urversuchung (alle Schätze des Lebens) widerstehen.

Lassen Sie Urszenarien der Bibel Revue passieren. Machen Sie mit. Ohne besonderes Ordnungsprinzip, erinnern Sie sich einfach an Ihr Schulwissen. Lassen Sie es zu! Achten Sie auf die Orte:
Turm von Babylon (Pfählung am magischen Ort; Machtstreben, Missbrauch der Erdkraft) – Nildelta, Pyramiden (!), Wissen der ägyptischen Mysterienschulen – dann das Paradies selbst, mit dem die Bibel beginnt …
Wie genau es beschrieben wird, dieses Urland aller Ursehnsüchte. Zwischen zwei Strömen gelegen, mit einem zentralen Lebensbaum am entscheidenden Ort. Was bedeutet das für uns Suchende? Wo waren die Pforten des Paradieses? Wo lag die wahre Verfehlung des ersten Menschenpaares?
Dann die großen Szenen des Moses. Brennender Dornbusch: »Du stehst auf heiligem Boden«, mahnt Gott. Der Berg Sinai ist der Kraftort der Bibel schlechthin (bis ihn allerdings in unseren Tagen der Massentourismus ent-kräftete), Moses lässt einen Zaun um das magische Areal ziehen.
Später steht die Bundeslade immer genau im Zentrum einer geografischen Kraft, selbst dann, wenn sie bewegt wird.
Vom legendären Tempelberg machen wir einen geistigen Sprung ins Neue Testament. Dieses weit mehr dem Leben und der Zuwendung eines liebenden Gottes in Gestalt seiner selbst als Jesus zugewandte Buch beginnt nicht umsonst mit dem Jungbrunnen der Seele: der Taufe im Jordan.

Jesus wird sehr zu Recht Meister genannt. Richtige Plätze und deren verstärkende Wirkung erkennt er intuitiv: Tempelszenen sprechen dafür (»Haus meines Vaters«), Reden am Seeufer oder auf der idealen Kraftstelle eines Berges. »Selig sind ...«
Natürlich ist die Bibel weit mehr als ein Kraftort-Erkennungsbuch. Doch aus ihrer aufmerksamen Lektüre können wir viele Kriterien ableiten, die Kraftorte auszeichnen, und unseren Blick im Vertrauten für Neues schulen.

Sagen, Märchen, Mythen

Zum Verständnis eines Märchens gehört immer auch ein Wissen um die Symbolik des Ortes.
Wer magische Orte besucht, wer diese Stätten der Heilung, des Bewahrens verborgener Schätze und des Geheimnisses um den Schöpfungsgedanken bewusst aufsucht und die so seltsamen geheimen Zeichen richtig und wegweisend interpretieren will, für den sind Märchen ein Eldorado an Einweihungswissen um den entscheidenden Ort.
Dieses Wissen darf man getrost mit einer Goldmine vergleichen, wobei Gold, wie in der Alchemie, als Symbol der Transformation steht.
Es gibt kaum ein Märchen, das nicht sehr bewusst auf die Botschaft des magischen Ortes und des darauf stehenden Bauwerkes hinweist, auch auf besondere Pflanzen, Bäume oder Landschaftsformen: eine Botschaft der Poesie des kollektiven Unbewussten, die so offen ist und dennoch so verborgen.
Erinnern Sie sich an Dornröschen, das wegen der wundersamen Symbolik des abwartenden Heilschlafes in diesem Buch bereits Erwähnung fand. Wir hoben und bargen damit uraltes, tiefes Wissen um den mit magischem Schlaf verbundenen Zeittunnel.

»Und um das ganze Schloss zog sich eine Dornhecke hoch und immer höher, sodass man gar nichts mehr davon sah.«

Dies alles geschieht, nachdem Hof und Gesinde in tiefen Schlaf (das Anhalten der Zeit!) gefallen sind, die Hecke dient als Schutzwall des magischen Ortes und damit des aktivierten Raum-Zeit-Tunnels.

Was bedeutet der »tiefe Schlaf« der alle Beteiligten, Herrschende, Gesinde und auch Tiere im Dornröschen-Schloss befällt? Welche Funktion hat der Schutzwall aus Dornen? Es ist immer wieder aufschlussreich, Fragen zu stellen – ohne gleich die Antworten parat zu haben. Das sollten wir auch an magischen Orten tun. Die Seele kennt die Antworten und zeigt sie uns, wenn wir bereit dafür sind. Und oft haben sie mit dem, was wir oder andere sich ausgedacht haben, wenig zu tun.

Märchen sind mit Novellen zu vergleichen, weil meist auch ein Dingsymbol im Mittelpunkt steht, ein materielles oder geistiges Erzählobjekt, das wiederum die gesamte Handlung trägt und innerlich bedingt. Und in manchen Märchen ist der Ort selbst sinntragendes Symbol.

Etwa die Bannmeile. Eine Bannmeile ist wie der Zauberkreis nichts anderes als die Abgrenzung des magischen Ortes durch Kundige. Diese Abgrenzung kann verschiedene Gründe haben, ist jedoch immer wirkungsvoll.

Magische Orte in Deutschland kennen oftmals die Bannmeile, etwa das Areal auf dem Karlsberg im Mühltal, der Blocksberg, der gesamte Bezirk um den Dom von Limburg an der Lahn, natürlich der Umkreis der Externsteine bei Paderborn. Die Bannmeile lässt sich vielerorts entdecken.

Es gibt ein ganz besonderes Märchen der Gebrüder Grimm, das von dem Wissen um einen abgesteckten magischen Ort und von dem Wissen um die Macht der Begrenzung erst seinen Erzählsinn und seine unbändige Kraft zieht und erhält: Jorinde und Joringel.

Es geht um Macht, Magie, Herrschaft, aber auch Heilung, Erlösung und Liebe und zudem um einsetzbares Wissen und be-wusste Abgrenzung. Abgrenzung nicht nur materiell, also räumlich, sondern auch Abgrenzung mehrerer Bewusstseins-Ebenen. Fundamentale Tiefenpsychologie also.

Die Bildersprache des Märchens sagt dann für einen seelisch-psychologischen Sachverhalt wie »tiefere dunkle Bewusstseins-Schicht« ein Bildwort wie »Bannmeile« oder »altes Zauberschloss im tiefen Wald«.

»Es war einmal ein Schloss, mitten in einem großen, dicken Wald, darinnen wohnte eine alte Frau ganz allein, das war eine Erzzauberin«, so beginnt das Märchen. Und schon sind zwei klassische Topoi des Märchens und des magischen Ortes in Märchen, in der Sage oder der erzählenden Legende angesprochen: Schloss und Wald. Beide stehen für Innenwelten, für hermetisch geschlossene Räume.

Dieses Schloss darf nicht gefunden werden, wer es dennoch sieht oder auch nur zu nahe kommt, mit dem kann die Hexe (Zauberin, Druidin) machen, was sie will.

»Wenn jemand auf hundert Schritte dem Schloss nahe kam, so musste er stille stehn«, fährt der Text fort, »und konnte sich nicht mehr von der Stelle bewegen.«
Genau das passiert den Liebenden (»sie waren in den Brauttagen«). Sie kommen durch die Verblendung der Liebe – oder etwa durch deren transformierende Kraft – zu weit in das magische Areal hinein.
Der von ihnen betretene und verbotene magische Ort, den die Druidin vollkommen beherrscht, führt bei Jorinde und Joringel zu völliger Apathie: »Sie waren so bestürzt, als wenn sie hätten sterben sollen; sie sahen sich um, waren irre und wussten nicht, wohin sie nach Hause gehen sollten.«
Bei dem männlichen Teil des Paares, Joringel, tritt gar eine Starre (Todesstarre? Heilschlaf? Zeittunnel?) ein: »Joringel konnte sich nicht regen, er stand da wie ein Stein, konnte nicht weinen, nicht reden, nicht Hand noch Fuß regen.«
Mit Hilfe einer blutroten Blume gelingt es ihm am Ende, die in eine Nachtigall verzauberte Jorinde zu befreien und »sie lebten lange vergnügt zusammen«.
Die Macht der Druidin scheint unbegrenzt – innerhalb der von ihr selbst gesteckten Grenzen! Doch wer sich wie Joringel entsprechend rüstet, kann die Kraft des Ortes für sich selbst nutzen.
Das Wissen, das Schloss mit einer blutroten Blume zu betreten, hatte er in einem Traum erfahren – eine Botschaft des Unbewussten, auf die er gehört hat und die ihn wieder mit seiner Liebsten vereinte.

Ein weiteres sehr anschauliches Beispiel ist »Das Wasser des Lebens«.

»Es war einmal ein König, der war krank, und niemand glaubte, dass er mit dem Leben davonkäme ...«, so beginnt das Grimm'sche Märchen.

Es muss nicht lange erklärt werden, dass der König im Märchen immer für ein ganzes Volk steht und damit auch für die körperliche, vor allem jedoch seelische Gesundheit seines ihm anvertrauten Volkes. Und so ist »der kranke König« ein Topos mit genau definiertem Stellenwert.

Wie sehr diese Feinheiten mit ihrer uralten, hochwirksamen Symbolik, die sofort ins Unterbewusste zielt, von Wissenden beachtet werden, zeigt in der neueren Zeit der Disney-Film »König der Löwen«: Ein gesundeter König am Ende bringt Gesundung des Landes – und damit Wasser, im eigentlichen und übertragenen Sinne.

»Ich weiß ein Mittel, das ist das Wasser des Lebens, wenn er davon trinkt, wird er wieder gesund; es ist aber schwer zu finden«, sagt ein alter Mann, der das Wissende symbolisiert, zu den drei Söhnen des Königs.

Märchen sind wahrer, als wir uns gemeinhin träumen lassen (wollen). Nichts ist zufällig, alles ist Urerfahrung. Und das Wasser des Lebens finden wir auf unserer eigenen geistigen Landkarte.

»Wo hinaus so geschwind?«, fragte ein Zwerg (Zwerge sind immer die Zweifler und Zyniker) den Prinzen, der das Wasser suchte. Eigentlich hätte er sich die Frage sparen können, denn jede Suche findet in der Anderszeit statt. Letztlich gibt es dort keine Eile. Ganz anders hier auf Erden!

Im Märchen gilt es nun vor allem für den jungen Prinzen, verschiedene Gefahren zu überwinden und zwischen den dräuenden Felsen einer tiefen Schlucht den wahren Weg zu finden.

Dann aber ist das verwunschene Schloss in Sicht und mit ihm das Wasser des Lebens und die Errettung.

»Ich suche das Wasser des Lebens (...), weißt du denn, wo das zu finden ist?«

»Es quillt aus einem Brunnen in dem Hofe eines verwunschenen Schlosses, aber du dringst nicht hinein, wenn ich dir nicht eine eiserne Rute gebe und zwei Laibchen Brot. Mit der Rute schlag dreimal an das eiserne Tor des Schlosses, so wird es aufspringen.«

Auch der junge Königssohn braucht also das richtige Rüstzeug, um sich dem magischen Platz zu nähern und das Wasser des Lebens zu erhalten, das nicht nur den Vater rettet, sondern auch noch drei weitere Königreiche.

Und es ist sicher kein Zufall, dass es sich dabei gerade um eine Rute handelt!

Beide Märchen machen deutlich, dass nur derjenige die Magie des Ortes nutzen kann, der entsprechend vorbereitet ist, der weiß, was er will und mit Geduld auf seine innere Stimme vertraut.

»Es lebte dereinst in jenen uralten Zeiten, als noch die Vögel im Walde Weissagungen verkündeten und die heiligen Quellen von den Götterbergen zu den Eichenhainen niederrauschten, in germanischen Gauen ein König, Eilima«, so erzählt ein Prachtband aus dem Jahre 1889 den Beginn der Walküre oder die Sage von Sigurd und Brünhild.

Lassen wir den eigentlichen Stoff beiseite und achten nur auf Raum, Zeit, Ort: uralte Zeiten, Wald, heilige Quellen, Götterberge, Eichenhaine, germanische (keltische!) Gaue – und ein König.

»Abwärts senkt sich der Weg von trauernden Eiben, umdürstet führt er durch Schweigen stumm zu den unterirdischen Sitzen«, schreibt Ovid.

Es finden sich unzählige Hinweise auf magische Orte, nur haben wir verlernt, sie wahrzunehmen und ihre Sprache zu verstehen. Die Eibe, ein Baum der Zauberer und Dämonen, wurde beispielsweise von den Kelten als heiliger Baum verehrt. Die Germanen sahen in der Eibe das Sinnbild der Ewigkeit und benutzten die Zweige zur Abwehr von bösem Zauber und Dämonen.

Seien Sie wachsam, welche Hinweise auf magische Plätze sich Ihnen zeigen. Forschen Sie selbst nach, welche Bedeutungen zum Beispiel einzelne Bäume haben. Seien Sie offen für das, was Ihnen begegnet. So wird Ihr Weg zu einem Weg der Einweihung.

Poesie als Seelenbild

»In Nebel ruhet noch die Welt,
Noch träumen Wald und Wiesen:
Bald siehst du, wenn der Schleier fällt,
Den blauen Himmel unverstellt,
Herbstkräftig die gedämpfte Welt
Im warmen Golde fließen.«

Eindringlich beschreibt Eduard Mörike in seinem berühmten Gedicht »Septembermorgen« die Urkräfte der Natur.

Mit der Romantik und mit dem Beginn einer neuen Empfindsamkeit erfuhr das kollektive Denken und Unterbewusstsein im 19. Jahrhundert eine wundersame Öffnung hin zum Übersinnlichen, Religiösen, auch zum Okkulten – und eben zur Entdeckung der Natur und der ihr innewohnenden Kräfte. Die Künstler betrachteten die Welt plötzlich mit anderen Augen!

»Ich weiß nicht, was soll es bedeuten …«, beginnt Heine die Loreley-Ballade, er lässt »den Gipfel des Berges« funkeln »im Abendsonnenschein« und weist präzise auf das Raum-Zeit-Gefüge und die Kräfte hin, die zur rechten Zeit am richtigen Ort wirken, helfend oder verderbend.

Die Beispiele ließen sich beliebig fortsetzen. Letztlich geht es auch hier nur wieder darum, dass Sie die Zeichen wahrnehmen lernen und selbst die Welt mit anderen Augen betrachten.

»Über die Heide hallet mein Schritt;
dumpf aus der Erde wandert es mit ...«

So beginnt Theodor Storm 1904 sein Gedicht »Über die Heide«.

Eine kleine Sage aus einem Büchlein des Jahres 1922 soll den Abschluss bilden: »Bei Radstadt im Salzburgischen auf der Löwenau wohnte der Mojerbauer. Nahe bei seinem Hofe ragt aus dem Berge eine hohe Felswand, (...) die wilden Frauen schenkten dem Kind ein paar Goldstücke. (...) Aber das Geschenk war nur für die Unschuld bestimmt. (...) In den Händen des Bauern wandelten sich die Goldstücke augenblicklich in welke Blumen.«

Wie bei den Märchen und Sagen sind auch die Naturerscheinungen in der Romantik eine Art Seelenbilder. Was wir im Außen betrachten, wird zum Spiegel für das, was in uns ist.
Wer sich mit diesem Bewusstsein einem magischen Ort nähert, der versteht sofort, weshalb solche Orte immer Orte der Wandlung sind. Je präziser wir das Außen wahrnehmen, seine Sprache verstehen, desto klarer werden wir in unserem Inneren.

Runen richten Orte aus

Jeder Kraftort hat einen Mythos, das heißt, er transportiert vorhandenes altes Wissen, Urwissen. Für denjenigen, der gelernt hat, die Sprache der Orte zu verstehen, wird dieses kraftvoll Gewesene erfahrbar. Dabei helfen uns auch Runen, die in irgendeiner Form immer an magischen Orten zu entdecken sind.

Runen, germanische Schriftzeichen, haben ihre dunkle Quelle in alten, längst versunkenen Kulturen, die kraftvolle, wirkende und wirksame Worte bilden konnten, aber keine Schriftsprache. Sprachen ohne Schrift sind zumeist stärker, willensstärker, archaisch aufgeladener. Die Urmoral, welche ein starkes Volk am Leben und Überleben hält, spiegelt sich in dessen Ur(moral)sprache wider.

Je älter und einfacher die Sprache, desto mehr komprimiert sie die Moral eines gesunden Volkes. So sind alte Sprachfunde zumeist Zeugnisse von Glauben und lebendige Lebensregeln.

Die Runenkultur hatte einen eigenen Schöpfungs- und Untergangsmythos, besaß wuchtige Götter, Göttinnen, Riesen, Geister, Ahnengeister, Zwerge, Gnomen, Feen … und immerzu urehrliche Heimatverbundenheit!

Runendenken und Internationalismus schließen sich aus. Eine Globalisierung, wie wir sie heute kennen (und erdulden), wäre in einem runengeprägten mentalen Umfeld nicht möglich.
Die Runenkultur ist stark an die Region, die Orte ihrer Ausübenden gebunden.
Runen sind spirituelle Laut-Zeichen einer hell aus dem Dunkel des Versunkenen in der Erde leuchtenden Germanenwelt, sie schwingen im Urgrund unserer Seelen und raunen auch heute noch: Entschlüssele uns! Finde uns! Lebe uns!
Damals waren die meisten Menschen Analphabeten. Die Rune war ein geheimes Zeichen, das nur von den wenigen auserwählten Eingeweihten entschlüsselt und gedeutet werden konnte ...
Und das Entscheidende ist: So ist es auch heute noch. Auch die, die lesen und schreiben können, verstehen nicht. Nur wenige können die Zeichen entschlüsseln, die gesetzt sind und klar künden, was kommt.
Doch die Zeichen der Ahnen stehen und warten auf den, der sie auflöst in lebenserhaltende Gedanken der heutigen Gegenwart.
Achten Sie am Kraftort auf Zeichen und finden Sie die passende Erklärung.
Welten werden sich auftun. Treten Sie die Reise an.
Sie brauchen kein Runenalphabet auswendig zu lernen. Runen sind Stäbe (Buchstaben!). An jedem magischen Punkt liegen Hölzer, Staben. Sie liegen nur zufällig für den, der weder weiß, dass es keine Zufälle gibt (siehe

Hermetik), und für den, der die bewusste »Auslegung«, also das Hinlegen, das Auslegen durch vorangegangene Besucher des magischen Ortes nicht erkennen kann. Das, was Sie beim Anblick dieser faszinierenden Natur-Runen als Erstes denken und wollen – es ist immer das Richtige.

Die magische Kraft der Jungbrunnen

Wasser ist Leben

Immer wieder wird mir die Frage gestellt: Wohin soll ich gehen?
Immer mehr Menschen zieht es zu magischen Orten, zu Überlebensplätzen, heiligen Stätten, Kultorten, energetischen Feldern, Heil bringenden Wegen und Pfaden …
Eine ganz einfache Antwort auf die Frage nach dem Wohin wäre: Immer dahin, wo Wasser ist.
Wasser *ist* magisch.
Wasser ist nicht nur ein ganz besonderer Stoff, es ist der Urstoff allen Seins auf Erden. Wasser ist der Stoff, aus dem auch wir Menschen zum Großteil gemacht sind.
Wasser in seiner monumentalen Bedeutung des Seins und des Da-Seins hat dementsprechend das kollektive Unbewusste aller Zeiten, aller Stämme, Völker, Nationen, aller Epochen und Kulturen geprägt. Einfach alles.
Im Innersten weiß jeder Mensch auf Erden, dass er »aus dem Wasser ist«. »Ist« – ganz im Sinne des Seins, des »Ich bin, ich war, werde sein …«.
Das beginnt mit der wenngleich unbewussten Erfahrung im Mutterleib, in der Fruchtblase, setzt sich fort

mit der Freude des neuen Erdenbürgers beim Plantschen in einer Wanne oder einem See, ganz zu schweigen von der Urerfahrung des Durstes und des überlebensnotwendigen Trinkens.

Wasser ist alles.

In Mythen aller Zeiten spiegelt dies magische Urwissen sich wider, in Legenden und Märchen begegnen wir mächtigen Wassergottheiten, auch Nixen, Feen, Wassermännern und anderen dem Element verhafteten Wesen. Sie sind personifizierte Symbolkräfte des Wassers, die stets durch die ihnen innewohnende Kraft helfen, heilen, bewahren – oder auch vernichten. Sie tun also nichts anderes wie das Leben und seine Lebensmächte auch, Stunde um Stunde, Tag für Tag, jahraus, jahrein – immerzu.

Die Mächte des Wassers sind Lebensgeister im Sinne des Zusammenfließens eines gesamten Seins; sie sind Leben. Sie bilden das Leben selbst in seiner mannigfachen Entfaltung, genau das, was wir Lebende er-leben.

Ganz einfach gesagt: Wasser ist Leben und Leben ist Wasser.

Vergleichen Sie die Welt als Gesamtes, also die blaue Kugel im All, einmal mit dem menschlichen Körper. Verschieden sind nur Form und Größe (zugegeben: sehr verschieden), aber das Grundprinzip scheint mir dasselbe: Wir haben es bei Mutter Erde ebenso wie bei unserem Körper mit lebendigen Mechanismen zu tun, die hochsensibel auf die großen Gesetze im Kosmos reagieren.

Sowohl auf der Erdkugel als im menschlichen Körper bewegt sich Wasser. Bei der Erde sind es die großen Meeresströmungen, der beständige Temperaturausgleich durch bewegte Wassermassen, es sind die Flüsse, die sich wie die Verzweigungen eines Baumes, allerdings von der feinsten Zweigspitze (Quelle) nach unten zu, dem Strom des Stammes entgegen, ins Meer (in das Wurzelwerk der Erde) ergießen. Schließlich der unendlich durchdachte Kreislauf des Wassers über der Erde, das Wetter mit all seinen Facetten, das magische Aufsteigen der Wasser aus Meeren und Seen, sich transformierend in die Gasform, wiederum das Verdichten in Wolken, schließlich Leben spendender Regen, der den wundersamen Kreislauf schließt und der trockenen Erde ersehntes Wasser spendet.

Ebenso wie unser Körper, dessen Atmen und Schwitzen, unser Trinken, das beständige Nehmen und Abgeben von Flüssigkeit mit dem Kreislauf der Erdkugel vergleichbar ist.

Je tiefer wir diese Kreisläufe verstehen, desto mehr werden wir eins mit der Welt. Wenn wir uns verstehen, lernen wir auch die Welt begreifen.

Die Anziehungskraft des Wassers

Was ist es nur, das Wasser für uns Menschen so anziehend macht? Denn da gibt es neben der Notwendigkeit des Wassers – jedermann muss trinken und sich reinigen – einen Spaß- und Erlebnisfaktor, der über Spaß im Sinne von Freizeitvergnügen weit hinausgeht. Es ist eine tiefe Sehnsucht, die uns immer wieder zum Wasser streben und dort so viel Freizeit wie möglich verbringen lässt.

Und der Freund magischer Orte, der Kenner von Wunderwegen und Genießer energetisch geladener Areale, er wird schnell feststellen: Magische Orte und Wasser (zumal Uferstellen von Seen, Flüssen, Meeren), sie hängen untrennbar zusammen. Zumeist macht das Wasser den Ort erst »magisch«. Genauso wie der Wasser- und Blutkreislauf des menschlichen Körpers diesen erst am Leben erhält.

Alles entspricht sich. Wir und Wasser und damit Ortsmagie sind zumeist eins!

Die Antwort, woher diese Sehnsucht kommt, fällt nicht allzu schwer. Alles kommt aus dem Wasser und selbstverständlich, am Ende einer gottgewollten Entwicklungsreihe auch wir Menschen.

Was macht denn den Aufenthalt am Seeufer, am Fluss oder gar an einer frisch sprudelnden Quelle so interessant? Warum fühlt sich jeder wohl am Wasser? Weil die Energien fließen, weil der Ausgleich stimmt, ebenso wie die Anziehung und die Hingabe. Fließendes Wasser bringt stets frische positive Energie von oben und nimmt verbrauchte Energie nach unten mit.

Wasser ist weitergetragenes, hervorbringendes, immer währendes Leben. Wasser hat etwas Anziehendes. Denn Wasser ist die Lebensenergie schlechthin. Und am richtigen Ort, an der richtigen Quelle können Sie diese Leben spendende Energie tanken.

Ihre ganz persönliche Quelle, der für Sie persönlich sprudelnde Jungbrunnen am magischen Ort wartet schon, dass Sie erkennen und kommen ...

Zumeist ist Wasser deutlich zu sehen, also wahrhaft offen-sichtlich, das heißt an der Oberfläche der Erde wie ein Fluss, See oder eine Quelle.

In und an solchen Wassern spiegeln sich zumeist die Tages- und Jahreszeiten. Sowohl die umgebende Vegetation als auch Lichter der Gestirne oder der Menschen geben Kunde von der Geschichte und Kraft des Ortes.

Stellen Sie sich nur vor, wie sich weißes Mondlicht nachts auf der glatten Oberfläche eines Moorsees spiegelt. Oder am See im lauen Sommer die gegenüberliegende Uferpromenade mit Lichtern, Tanz, Musik ...

Doch, wie bereits erwähnt, ist wirkendes Wasser nicht immer sichtbar. Viel bleibt den Blicken verborgen (Wasseradern, unterirdische Quellen).

Doch sichtbar oder unsichtbar: Wirkung ist immer da, auch Verjüngung.
Denn Wasser ist nicht nur gesund, labend, rettend und verjüngend, es ist das Überlebenselixier schlechthin.
Bestätigt wurde dies auch durch die Tatsache, dass erstaunlicherweise besondere Orte der Kraft niemals von Hochwasser heimgesucht werden.
Auf diesen Sachverhalt stieß ich bei der Arbeit an dem Buch »Keltenkulte in Bayern«. Wie es immer so ist, kamen nach der Veröffentlichung hoch gebildete Leser, zumeist stille und fein fühlende Spezialisten, auf mich zu, die mich nach der Lektüre des Neulings mit verblüffenden Details vertraut machten.
Speziell über Keltenschanzen in Bayern gibt es eine eigene Landkarte. Dabei fällt sofort auf (wenn man sich lange, intensiv und hineinversetzend mit magischen Orten und Wunderstätten beschäftigt), dass Keltenplätze und magische Orte zumeist identisch sind, zumindest räumlich eng beieinander liegen und sich gegenseitig bedingen.
Was für Bayern gültig ist, lässt sich ebenso auf alle anderen Bundesländer übertragen. Etwa auf Hessen und die vielen Keltenstätten im Raum Frankfurt-Kelkheim, Oberursel, Königsstein etc.
Es gab und gibt niemals ein Hochwasser im Bereich keltischer Kultorte.
Die Süddeutsche Zeitung vom 25. Mai 1999, Nr. 117, Seite L7, zeigt eine detaillierte Grafik des legendären Jahrhunderthochwassers in Bayern, des so genannten

Pfingst-Hochwassers von 1999. Felder, Wiesen, vor allem Häuser waren überschwemmt. Aber bestimmt kein Hügelgrab und keine Keltenschanze. Ebenso wenig christliche Kapellen, namentlich Marienkapellen.

Magische Plätze sind Überlebensplätze par excellence und sie geben ihre Kraft an diejenigen weiter, die offen dafür sind.

Geheiligte Quellen, heilige Flüsse und Seen, Orte der Anbetung, geheime Hexenquellen, magisch aufgeladene Hohlsteine keltischer Kultorte; oder mit christlicher Energie geladene Taufbecken, die gar oft ganz andere, viel ältere Energien abstrahlen: Man findet geheiligte Plätze des Wassers überall auf der Welt. Sogar die jüdisch-christliche Tradition, die doch im Allgemeinen die Verherrlichung von Naturphänomenen ablehnt, kennt allerorts heilige Quellen, Heilsorte, heilige Flüsse und Berge.

Moses steigt auf den Berg, die Israeliten werden durch das sich teilende Meer gerettet, Jesus im Jordan getauft … Und bereits in der Genesis scheidet Gott die oberen von den unteren Wassern. Wasser ist überall. Eigentlich sollte unser Blauer Planet nicht »Erde« heißen, sondern »Wasser«.

Im katholischen Ritus ist und bleibt Wasser das bestimmende Element des Tauf-(= Tauch-, Eintauch-)Ritus: der Erneuerung und Wiedergeburt des kleinen Erdenbürgers und seiner Eltern in Gott.

Diese spirituelle Erneuerung findet im Äußeren (nicht dem Äußerlichen, sondern im Äußeren als ehrlichem

Spiegel des Inneren, auch der Seele) seinen sichtbaren Niederschlag.
Der Urritus der Reinigung, das Waschen an sich, hat immer schon spirituelle und praktische Bedeutung.
Sprechen wir hier ruhig von Nutzen.
Also, nutzen wir die Kraft des Wassers. Klares, sauberes Wasser wird durch alle Zeiten und Kulturen als »Geschenk der Götter« gesehen.

Der Jungbrunnen

Und die Ursage vom Jungbrunnen ist so alt wie die Menschheit selbst.
Da ist der kindlich anmutende Traum, der verlorenen Jugend durch ein Wunderbad zu entgehen; vor allem derbe Schwankerzählungen des späten Mittelalters künden davon.
Der Jungbrunnen ist dabei meist ein Versuch des Egos, dem Älterwerden durch Zauberei zu entgehen. Und sobald Wunder mit einem egoistischen »Ich will« verbunden sind, können sie nicht wirken.
Wunder sind Gnade, Geschenke des Göttlichen.
Letztlich besteht der Jungbrunnen aus Erkennen, aus demütigem Sichfügen in höhere Mächte, verbunden mit durchaus verjüngendem Heilswissen.
Heil nämlich kennt keine Zeit. Doch es kennt den wahren und rechten (Wunder-)Ort!
Wer seinen Jungbrunnen findet, der entfernt sich gleichzeitig von einem falschen, weil menschlich eitel verstandenen Zeitbegriff. Wahre Zeit vergeht nicht, sie ist.
Schönheit und Jugend kommen immerzu aus dem Kopf (deshalb sehen geistig-seelisch reine Menschen absolut schön aus).

Diese geistige Schönheit lässt sich am richtigen Ort, zur richtigen Zeit finden. Finden ist immer ein »geistig Ding«.

Der legendäre Jungbrunnen versteckt sich »sichtbar« im Mythos. So ist es bei allen großen Geheimnissen: Sie sind so offensichtlich, dass keiner hinschaut. Wer es dennoch tut, gilt oft als verrückt.

Nicht umsonst kennen wir die wunder-schöne Sage vom Wasser-Spiegel, der an der Oberfläche des Geheimnisse bergenden, tiefen Sees alles Licht des Himmels und der Erde reflektiert und so das Gesicht dessen wiedergibt, der sich darüber beugt.

Der Mensch sieht sich im Wasser: Wasser als Wider-Spiegelung des inneren Selbst. Das gilt jedoch nicht nur für die bekannte Oberflächen-Spiegelung. Denn wir Menschen, die wir neben dem Geist und der Seele auch ausgesprochene Körperwesen sind, bestehen, wie bereits mehrfach erwähnt, zu siebzig Prozent aus Wasser und je nach der Qualität und kristallinen Struktur des »Wassers in uns« verändern auch wir uns: Wir erscheinen nicht nur besser aussehend, sondern denken und werden tatsächlich jünger oder wenigstens jugendlicher, wenn der »Pegel« stimmt.

Wasser hat ein Gesicht …

»Der Wasserkristall ist das Gesicht des Wassers«, behauptet der japanische Forscher Masaru Emoto in dem bahnbrechenden und Furore machenden Werk »Die Botschaft des Wassers«.

Durch komplizierte Technologie wurde es möglich, die Kristallstruktur des Wassers an bestimmten Plätzen, während verschiedener Einflüsse und Einflüsterungen, fotografisch präzise festzuhalten.
Eindrucksvoll wurde bewiesen, dass Wasser (wie übrigens alles auf Erden, Materie wie Geist) deutlich sichtbar auf Anweisungen reagiert, seien es Worte (von »danke« über »Engel« bis »Dämon«), sei es Schrift oder auch nur Gedankenvielfalt.
Kristalle werden zauberhaft schön oder hässlich, je nach Ein-Fluss (Beeinflussung); damit hat Wasser ein Gesicht. Der Hellsichtige sieht das übrigens mit bloßem Auge, wenn er am Fluss steht, am See oder der reinen Gebirgsquelle.
Deshalb ist es so wichtig, dass wir uns an Orte begeben, die uns mit reiner Lebensenergie versorgen, an denen wir Energie tanken können, was im Äußeren sichtbar wird. Wasser hat ein Gesicht. Und wer dieses Gesicht erkennt, sich ihm liebend nähert, der wird belohnt. Wie immer in Dingen der Liebe: Wer aufrecht liebt und sich hingibt, ehrlich und ohne Hintergedanken, dem wird gegeben.
Wasser spürt diese Zu-Neigung und es gibt alles, was es hat. Nämlich Leben pur, denn Wasser ist Leben, und damit gibt der Quell des Lebens auch unbändige Vitalität, die wir als Attraktivität, Dynamik, letztlich Jugend, Jugendlichkeit sehen dürfen.
Denn was sind Falten, Runzeln, Sorgenfurchen anderes als Entzug vitaler Lebensenergie! Runzeln äußerlich

und geistig. Vorurteile und Lebensängste, negatives Denken ..., was anders ist dies als Runzeln im Geiste?
Das Gegenteil allerdings wäre aufgeschwemmt ... und, wie immer, liegt genau in der Mitte der Segen.
»Der oder die ist voll im Saft«, behauptet der Volksmund nicht zu Unrecht über einen Menschen, dessen Flüssigkeitspegel in allen Belangen (eben auch was Körpersäfte betrifft) vollkommen austariert ist. So eine Person empfinden die Mitmenschen aller Zeiten als lebendig, vital, kraftvoll, sexuell anziehend, eben im Wortsinne attraktiv – im weitesten Sinne immer als schön.
Kommen wir weg von dem Schönheitsbegriff, der sich nur an der Oberfläche »aufhängt«. Schönheit hat immer etwas mit Charisma, mit Magnetismus, unsichtbarer, aber wirksamer Anziehungsenergie zu tun. Und eben mit Reinheit. Ein attraktiver Mensch ist selten nur oberflächlich, also kosmetisch schön – ganz im Gegenteil, diese Art von »Beautyness« wirkt oft nur fordernd. Anziehende Menschen sind wahre Magneten, weil sie innere Kraft ausstrahlen, weil sie frei herumlaufende Plus-Pole sind. Ist Ihnen schon einmal aufgefallen: Attraktive Menschen haben immer etwas zu geben.
So interessant nun dies Wissen um Wasser und seine unbändige und transformierende Urkraft sein mag, um die inneren Strukturen dessen, was wir flüssig nennen, die Sichtbarmachung der Kristalle und deren Reaktion auf verschiedene Einflüsse des Lebens, das Urwissen um solche Kräfte (Kräfte, die verändern können, also auch verjüngen), ist viel, viel älter.

Es ist das Urwissen der Eingeweihten aller Zeitalter der Menschheit.
»Meist gelangte der Pilger schon auf der Höhe des Westportals über die erste Wasserader, begleitet von steinernen Skulpturen, die das Thema des biblischen Jordan variierten, des im spirituellen Sinn reinigenden Flusses, der vorbereitete für die Initiation«, schreibt Petra van Cronnenburg in dem hervorragend einweihenden Werk »Schwarze Madonnen«, in dem sie ein Kapitel den Leben spendenden »Mysterien der Wasser« widmet.
Warum beginnt Jesus Christus, der sicherlich bedeutendste und liebevollste aller Eingeweihten, den die Welt je sah, seine spirituelle Laufbahn mit der Taufe am Jordan? Also mit einer geistigen Erneuerung, Verjüngung?
Und wenn wir nun wissen: Wasser ändert sich je nach Umfeld, es wird schön oder hässlich, wie die Kristallbilder zeigen, dann gilt dies auch für uns Menschen. Denn wir sind fast nichts als Wasser, Materie als gebundene Flüssigkeit – und Seele!
Der legendäre Jungbrunnen existiert körperlich, also am magischen Ort, und er existiert in Ihrem Geist. Und er will gesucht und gefunden werden wie der Schatz, wie der Gral, wie das ewige Seelenheil.
Ich kenne eine Menge solcher Quellen des Lebens und im Laufe der Jahre und des Schreibens über magische Orte sind mir viele geheime Quellen genannt worden. Die auffälligsten und wirksamsten dieser Wasser, seien es Quellen oder eben »stille Wasser«, verborgene Moor-

seen oder heilende Flüsse, haben verändernde und verjüngende Wirkung und zeigen sich dem, der sie mit offenem Herzen sucht.

Oft sind es versteckte Quellen, die im Volksmund auch als »Hexenquellen« bekannt sind.

Einer dieser Orte liegt in der Nähe von München und wird noch heute von bekennenden Heiden verehrt. Frauen (und immer mehr Männer) kommen zu diesem Ort, schmücken und ehren den Platz, verzieren die Bäume mit farbigen Wunschbändern, kleinen Tonfiguren und liebevoll-wissend gewähltem Ritualschmuck.

Und alle schöpfen vom heiligen Quell, der eben fühlbar und sichtbar energetisiert – und verjüngt.

Diese Hexenquelle ist lediglich ein Exempel für ähnliche Plätze sprudelnder Lebenskraft auf der ganzen Welt.

Quellwasser hat ein Gesicht, heilt, verjüngt ... Dies alles ist so logisch, dass es mich wundert, wie dies lebensenergetische und lebensnotwendige Wissen ins Reich der Sage, des Mythos, des Märchens abrutschen konnte. Alles Verborgene, jedes wirkliche Geheimnis ist genau da versteckt, wo jeder hinschaut. Weil keiner gelernt hat zu sehen, verbannen wir die Wirklichkeit in die Welt der Märchen.

Sehen Sie, was ist. Seien Sie offen für das, was sich zeigt. Nutzen Sie die wilde Lebensenergie an magischen Plätzen. Seien Sie wie eine druidische Priesterin, ein Priester, ausgebildet zum Sehen der Welt hinter der Welt. Erkennen Sie die Quelle, überschreiten Sie die »Ader«,

nehmen Sie das verjüngende Bad im heilenden Born, dies bedeutet Einweihung.
Wasser, die Urkraft, das Urelement allen Lebens auf Erden. Wirklich alles.
Wasser stellt nämlich neben seiner materiellen Struktur und dem bekannten chemischen und molekularen Aufbau ebenso einen hochaktiven spirituellen Transmitter dar.
Wasser ist der Träger aller Botschaften, die es aufnimmt auf seinem langen Weg durch Meere, Wolken, Flüsse, Aggregatzustände – und Zeiten.
Wasser durchläuft (durchläuft!) immer schon alle Zeitzonen. Also hat Wasser Einfluss auf die Zeit.
Gehen Sie zu hoch aktivierten, bekannten und geheimen Stellen und Quellen.
Nehmen Sie sich die Zeit!
Denn mit Wasser am magischen Ort erfüllt sich der alte, ewig junge Mythos vom Jungbrunnen auf ganz natürliche, uralte Weise.

Der Geist des Ortes

Die innere Einstellung

Das größte Gebot Gottes ist die Liebe.
Doch ganz egal, was wir über einen Kraftort zu wissen glauben oder was andere erzählen – es ist dieses Gebot der Liebe, das über allem steht.
Setzen Sie das Gebot der Liebe ganz obenan, wenn Sie eine Kirche, Kapelle, ein Marterl, Kreuz, eine Quelle, einen Bildstock, einen Baum oder Steinkreis, eine Schwitzhütte oder was auch immer ins Auge fassen. Nähern Sie sich vorsichtig mit offenem Herzen, gehen Sie hinein und stellen Sie Ihre Energie auf »mitschwingen« ein.
Sie werden staunen und vielleicht auch etwas verunsichert sein: Denn Orte, die offiziell von Liebe getragen scheinen, zeigen beim feinfühligen Zulassen oft überraschend dunkle Aspekte: Dann aber, im Wald, in der Nähe eines Quells, an einer Stelle, die nichts verspricht, Sie aber zum Stehenbleiben und Innehalten zwingt (vielleicht durch ein Gespräch oder Sie müssen sich die Nase putzen, magische Orte haben durchaus Humor), glauben Sie urplötzlich schwerelos zu sein, tanzen zu müssen und die empfangene Liebe sofort an Mitmenschen weiterverschenken zu wollen.

Immer dann liegen Sie richtig. Immer, wenn Sie diese eigentümliche Leichtigkeit des Seins am gottgeweihten Ort erreicht, dann sind Sie den positiven Kräften der Schöpfung – sagen wir ruhig: Gott – ganz nahe gekommen.

Nicht umsonst weist die Heilige Schrift an entscheidenden Stellen sowohl im Alten als auch im Neuen Testament darauf hin, dass das größte Gebot nur ein Liebesgebot sein kann: »Darum sollst du den Herrn, deinen Gott, lieben mit ganzem Herzen, mit ganzer Seele und mit ganzer Kraft« (Deuteronomium 6, 5).

Es ist mir sehr wichtig, gerade im Zusammenhang mit Kraftorten auf das Liebesgebot, also auf den Leitgedanken der Bibel, der sich dann im Neuen Testament im Leben, Wirken und heiligen Wollen Jesu Christi zu einem hell klingenden Crescendo hochsteigert und die Welt beschenkt wie nie zuvor, nachdrücklich hinzuweisen. Denn die außerordentlich facettenreiche Faszination an »magischen Orten« ist groß, die Kräfte, die dort wirken, sind so mannigfach wie die Menschen und Menschengruppen, die dorthin kommen, bei Tag und bei Nacht.

Ich selbst bin im Umgang mit den Orten immer vorsichtiger geworden, denn Orte leben – so wie alles, was mit der lebendigen Mutter Erde zu tun hat – und verhalten sich entsprechend, locken und verführen, sie ziehen an, was immer mehr Menschen spüren, die in diesen bewegten Zeiten des Umbruchs ins Ungewisse neue Antworten suchen.

Wichtig ist deshalb, dass Sie mit einer entsprechenden Motivation den Ort aufsuchen, nicht nur von Neugier getrieben, sondern mit dem Liebesgebot im Gepäck. Denn wir finden im Außen, was wir im Innern mit uns tragen, und deshalb ist eine offene, liebevolle Haltung eine gute und wichtige Voraussetzung, Kraftorte positiv zu erleben.

Der Kreis der Kraftortgänger wächst täglich. Das hat verständliche Gründe, denn in einer Zeit der pausenlosen öffentlichen Lügen, des Hingehaltenwerdens von Politikern jedweder Couleur und des generellen Verfalls aller Werte, in den Tagen, da die letzten Tabus zerstört werden und mit ihnen jedes Mal ein Stück Lebenssicherheit, in einer Verfallszeit also, die dem Bürger täglich ein Stück Werte-Boden unter den Füßen wegreißt, da bleibt nur noch das Boden-Ständige. Im wahrsten Sinne des Wortes. Das Bedürfnis, festen Boden unter den Füßen zu spüren!

Und die Sehnsucht wächst. Wir sehnen uns nach festen Standpunkten. Und ein Stück Boden, noch dazu besonderer Boden, das ist solch ein Urwert.

Magische Orte, heilige Plätze sind natürlich extrem erdgebunden, müssen es sein. Kraftorte bedeuten materialisierte Standpunkte, sind und bleiben unverrückbar. Und sie existieren, Gott sei Dank, niemals ideologisch, es sei denn, man macht eine Orts-Ideologie daraus. Orte, Plätze sind zeitlos und im wahrsten Sinne natürlich.

Natürlich und übernatürlich zugleich.

Ebendas ist der große Reiz und die Faszination der magischen Orte und deren Entschlüsselung.
Doch jeder, der sich einem Ort bewusst und offen nähert, wer neue Erfahrungen zulässt und dies nicht nur im Kopf, sondern ebenso aus dem Bauch heraus, der erlebt, gelinde gesagt, eine überraschend unsteuerbare Bewusstseinserweiterung.
Das ist reizvoll, gewiss, denn es passiert etwas, das nicht durch Medien und durch Fremdbestimmung geprägt ist …
Oder etwa doch?
Ich zitiere aus dem sehr christlich orientierten Buch »Esoterik als Lebenshilfe?«: »Der Mensch ist zur Bewusstseinserweiterung fähig. Er kann durch Drogen, fernöstliche Meditationstechniken, Positives Denken, Psychotechniken und Ähnliches in Bereiche eindringen, aus dem ihm neue Kräfte und Erkenntnisse zuströmen. (…) Diese Grundlehre entspricht der vierten Lüge [gemeint ist die vierte Lüge Satans im Paradies] ›Eure Augen werden aufgetan … und ihr werdet wissen, was gut und böse ist.‹«
Diese Unterscheidung der Kräfte und das Bewusstsein dessen, was vor Ort geschehen kann, sind wichtig, um den Besuch eines Kraftortes zu einem heilsamen Erlebnis werden zu lassen.

Die Unterscheidung der Kräfte

Es erscheint mir sehr wichtig, bei einer eingehenden Beschäftigung mit magischen Orten auf die feine Unterscheidung der dort herrschenden Kräfte hinzuweisen. Denn das, was an solchen Orten, Plätzen, Linien auf den Besucher einstürzt und ihn in Erregung versetzt (deswegen wird das Kraftort-Gehen zu einer wahren Volksbewegung, lernt man doch am richtigen Ort immer auch Gleichgesinnte kennen!), ist ein bunter Reigen spektralartig sich zerstreuender Kräfte, die für den linientreuen Christen nicht unbedingt »hausgemacht« sind.

Im Christentum bedürfen wir der Erlösung durch Jesus Christus – nicht etwa durch magische Orte. Dennoch müssen die Urchristen in Rom geniale Meister des Ortes gewesen sein. Denken Sie beispielsweise an die Katakomben und die Stimmung bei Kerzenschein zwischen vom flackernden Licht beschienenen Gebeinen ... Vielleicht steckt hinter der üblichen Version von der Sicherheit und der Notwendigkeit des Sichverbergens (= Okkultismus) vor den römischen Verfolgern noch viel mehr?

Eine Unterscheidung der Geister ist eine schmale Gratwanderung, das Thema würde allein ein dickes Buch füllen. Ich verweise deshalb auf das beste Werk, das ich diesbezüglich kenne: »Regeln zur Unterscheidung der Geister«, von Johannes B. Scaramelli, das von Wilhelm Schamoni herausgegeben wurde. Daraus ein Zitat:

»Er [gemeint ist hier der teuflische Geist] erzeugt auf dem Wege über aufgeputschte Fantasievorstellungen in unserem Verstande Dunkel, Verwirrung, Finsternis, Aufregung, Angst, Ausweglosigkeit, Hoffnungslosigkeit, oder er entfacht ein trügerisches Licht, unter dem man die Dinge falsch sieht und das in Unruhe und in Verwirrung stürzt.«

Was sind positive Kräfte, was sind negative? Wie lernt man sie unterscheiden? Der beste Weg ist sicherlich zu spüren, was einem vor allem auch längerfristig gut tut, welche Erlebnisse positive Auswirkungen im Alltag zeigen.

Genießen Sie Kraftorte, entdecken Sie sie, aber treten Sie nie aus der lebendigen Zwiesprache mit Gott.

Denn die vielen Erlebnisse (insbesondere Lichterlebnisse und Farbvisionen) an solchen Plätzen, Hügeln und Quellen können auch von Wirrgeistern der Anderswelt (Dämonen) ausgelöst sein.

Sollten Sie verunsichert sein, hilft eines immer: beten.

Es ist interessant zu beobachten, dass genau auf solchen Plätzen, die ehedem von wissenden Heidenpriestern entdeckt und durch Heidenkulte, zumeist uralte keltische Rituale, geprägt wurden, heute Marienkapellen stehen.

Dass wirklich jedes Kloster sich auf altem keltischem Kultort befindet, da, wo für den Fühlenden oft so ganz andere – »unchristliche« – Kräfte wahrnehmbar sind.

Wahrscheinlich spielen dabei Machtfaktoren eine entscheidende Rolle. Das erste Christentum in unseren Gauen, also die iroschottischen Wandermönche der ersten Missionswellen im 5., 6., 7. Jahrhundert, und der damals neu sich installierende Glaube wussten genau um diese »Power«. Die berühmten Missionare wie Bonifaz waren den Druiden ebenbürtig, standen in regem Kontakt.

Alle wirklichen Geistführer stehen übrigens in regem Kontakt miteinander – sonst wären sie keine geistigen Führer.

»Der Ort nimmt einen mit.« Diese Mitnahme geschieht im Geiste und kann dann durchaus körperliche Folgen haben. Etwa das Gefühl grenzenloser Schwere (negativ) oder grenzenloser Erleichterung, ein Gefühl zu schweben (positiv).

Wie macht der magische Ort dies?

Die Frage wird wohl nie eindeutig zu beantworten sein. Es ist eine unauflösliche Mischung aus geistigen und materiellen Kräften, es ist, bildlich gesprochen, ein Netzwerk des Geistes, ein feinstgewobenes spirituelles Netz, das dem so faszinierenden Phänomen zu Grunde liegt, wie es der Kraftort-Gänger dann als starkes Erlebnis empfindet (Ziehen in den Gliedern, Kribbeln an den Fußsohlen, Zentriertsein, Schwebegefühl, religiöser Rausch und vieles Ähnliche mehr), und das ihn stets weitersuchen und wiederkommen lässt.

Die geistige Information an magischen Orten vergleiche ich gerne mit dem Wirken der Homöopathie: Je fei-

ner die wirkende, heilende Substanz auftritt, desto stärker die Wirkung.
Bei der Kunst des Homöopathen wird durch vielfache Verschüttung (stets wiederholte, rituelle Verdünnung in speziellen Fläschchen) eine so genannte Hochpotenz hergestellt und erreicht, deren Wirkweise umso stärker zu beobachten ist, je weniger »Wirkstoff« nachweisbar ist: Denn die geistige Information ist die alles Entscheidende. Die geistige Substanz erweist sich der materiellen als weitaus überlegen.
Genauso verhält es sich mit magischen Orten.
Mag sein, dass die nachweisbare Strahlung an einem betreffenden Ort gering ist (sie kann auch sehr groß sein und sogar technisch feststellbar), das Wesentliche bleibt die geistige Information: Vorhandene Gedankenmuster, die sich in den Ort eingeloggt haben.
Sie können an einem solchen Ort Gedanken auffangen, die vor tausenden Jahren gedacht worden sind.
Der Ort trägt Sie.
Genießen Sie die Reise. Wohin – das lässt sich oftmals nicht vorher sagen. Auf jeden Fall durch Raum und Zeit.
Das Geistige ist »nicht fassbar«, zumeist unsichtbar, doch es wirkt. Und die Wirkungen lassen sich spüren und sehen.
An den Wirkungen werdet ihr sie erkennen.

Der heilige Raum

Viele namhafte Schriftsteller, Eingeweihte oder Kenner der Materie haben auf die Schutzfunktion des heiligen Raumes hingewiesen: »Der heilige Raum hat eine Schutzwirkung gegen krank machende Gedanken«, schreibt der bekannte Benediktiner aus dem Kraftort-Kloster Münsterschwarzach im Schwarzwald, Anselm Grün, in seinem Buch »Vom Schutz des Heiligen«. Diese Schutzwirkungen des umbauten und gesegneten Raumes gelten auch für Frei-Räume im Wortsinne, also Naturtempel. Sie helfen uns »gegen die Grübeleien, in denen wir immer nur um das Gleiche kreisen und doch nicht weiterkommen«.

Wie wahr! »Wir können freier atmen«, fährt Anselm Grün fort und sagt damit etwas, was für alle Naturtempel ebenso gilt wie für umbaute heilige, magische, keltische und wie auch immer geladene Krafträume: Kreiselnde Gedanken sind stets inneres Gefängnis.

Achten Sie auf Ihre Gedanken, denn sie werden Taten.

Ist Ihnen schon einmal aufgefallen, dass Sie sich an magischen Orten, Keltenplätzen oder besonderen Kapellenplätzen so wohl fühlen? Die Antwort liegt nahe: Sie denken anders!

Wenn Sie anders denken, dann erschaffen Sie sich selbst neu.

Keine Angst, dies ist keine gnostische Selbsterschaffungstheorie, unser Schöpfer ist und bleibt natürlich Gott. Doch Gott in grenzenloser Liebe zur Freiheit seiner Geschöpfe hat uns so geschaffen, dass wir durch unsere Gedanken-Entscheidung (Willens-Entscheidung: Was lasse ich zu in meinem Kopf?) an der täglichen Neuschöpfung unserer Person beteiligt sind.

Kann es da noch irgendeine Überlegung geben, dass wir uns nur zum Positiven entscheiden wollen?

»Im heiligen Raum hat der religiöse Mensch teil an der Neuschöpfung der Welt«, sagt auch Anselm Grün.

Magische Orte sind Denktempel des Positiven. Sie müssen das wissen und bewusst durch ein spezielles Denkverhalten am und im heiligen Areal einsetzen. Das ist nicht allzu schwer, denn Sie können sich hier, wie bereits erwähnt, in vorhandene Denkformen einloggen.

Sehr zu empfehlen sind an solcher Stelle auch geistige, wenn nicht gar geistliche Übungen im Sinne der spirituellen Exerzitien des Ignatius von Loyola (1491–1556), des legendären Gründers des Jesuitenordens. Ein näheres Eingehen auf dieses bahnbrechende »tiefenpsychologische« Werk des späten Mittelalters würde hier zu weit führen. Da die spirituellen Exerzitien aber bewusst mit Visualisierungen, geistig aufgebauten Szenarien und Vorstellungsfeldern magischer, heiliger, verdammter und apokalyptischer Räume arbeiten, sei das Werk weiterführend sehr ans Herz gelegt.

Eine kurze Visualisierungsübung soll Ihnen helfen, das Prinzip zu verstehen:

Ich stelle mir vor: Heiliger Raum umgibt und beschützt mich, auch wenn ich im Freien stehe, am magischen Ort. Ich sehe die Scharen des Bösen wütend, aber erfolglos an die unsichtbaren Mauern anrennen. Mein Schutzwall besteht weiter. Wer schützt mich in meinem Inneren? Ich? Gott? Mein Schutzengel? Alle zusammen?
Dann erscheinen die Heere des Guten, Gottes heilige Engelsschar, und sie vertreiben mit Macht die schwarzen Kriegerscharen des Bösen. Woraus? Aus meiner Seele?
Ich lasse alle Gedanken und Bilder zu, die mir erscheinen. Es sind nur gute, wenn ich mich der richtigen Kraft hingebe.

Die Kraft solcher Visualisierungen ist enorm: Und an besonderen Orten funktionieren sie besonders gut, dafür sind Kraftorte ja da.
Dämonen meiden gesicherte Orte.
Dies ist vielfach nachgewiesen – quer durch die Jahrhunderte. Es gibt Stätten, an denen etwas nicht stimmt, und es gibt Orte des seelischen Schutzes und der seelischen Reinigung.
Nehmen Sie Ihre Empfindung immer und immer wieder wahr: Das Gute kommt still, völlig unspektakulär: ein inneres Sich-wohl-Fühlen, ein innerer Friede, ein

Einssein mit allem, stets begleitet von Dankbarkeit an die liebende höhere Macht.

Einer der wichtigsten Hinweise in diesem Kraftort-Führer: Merken Sie sich das Empfinden des Guten, diesen stillen inneren Frieden, und machen Sie dieses Gefühl zur Richtschnur. Tolerieren Sie Neutralität (also Gefühle wie: Ich spüre gar nichts). Und meiden Sie Orte, deren Kraft in Ihnen Negatives hervorruft wie Beklemmung, innere Unruhe, Streitsucht, Aggression allgemein, auch sehr differenziert – nach außen, aber auch nach innen. Und die Mächte des Negativen sind raffiniert: Ein negativer Ort kann zunächst positiv erscheinen, doch langfristig täuscht die innere Stimme nie.

Solche Negativerscheinungen zeigen sich auch in Erzählungen von seelischen Angriffen wie etwa den bekannten Spukgeschichten an Orten, die von nicht erlösten Seelen heimgesucht werden. Am bekanntesten sind wohl Berichte von Wesen, die sich, durch eigene Untat oder durch gewaltsamen Tod von der Stelle des Entsetzens nicht lösen können oder wollen. Solche Plätze sind extrem krank machend. Hier spukt's, sagt dann der Volksmund.

Uns sollen solche Plätze nur insofern interessieren, dass wir um die gefährliche Kraft wissen und sie meiden.

Nicht vielen unter uns ist es vergönnt, jeden Tag auf einem alten englischen Schloss zu verweilen, um über solche Entitäten nachzudenken. Gefährlicher scheint mir unser Alltag, denn die Gefahr von »gemütlich« wirkenden Kneipen mit viel Alkoholumsatz, von U-Bahn-

Schächten und unter- oder auch oberirdischen Bahnsteigen und auch die atmosphärische Stimmung mancher so genannter Krankenhäuser wird weit unterschätzt.
Kraftorte, Kultstätten und Kirchenräume sind durchweg sehr positiv.
Seien Sie sich der Kraft dieser Orte bewusst. Nehmen Sie Ihre Empfindungen wahr und suchen Sie Plätze, an denen sich dieser liebenswerte innere Friede vermehrt einstellt.

Eine zumeist katholische Spielart heiliger Räume ist in bekannten Wallfahrtskirchen das Phänomen des Durch(ge)betet-Seins.
Wenn Sie empfindsam sind, können Sie dieses Phänomen erspüren: Der Ort ist nicht nur stark aufgrund seiner Lage und der ihn bestimmenden tellurischen Strömungen, Kraftlinien, Drachenpfade oder was auch immer.
Dieser jahraus, jahrein von gläubigen Betern aufgesuchte und mit viel Respekt betretene Ort ist durch die in ihm stattfindenden innigen Gebete und Fürbitten »geladen«.
Beten (beten zu Gott) ist die sicherste spirituelle »Investition«, die es gibt!
Letztlich ist diese Aufladung ein physikalischer Vorgang, der bis jetzt kaum nachgewiesen werden kann: Durch Gedankenkräfte wie eben Beten, Hoffen, Sehnen, vor allem Wünschen werden Kräfte frei, Strahlen

und Schwingungen. Diese Kräfte setzen sich in Innenräumen fest, an Figuren und heiligen Gegenständen. Woher sonst kommt denn die Wunderkraft von Heiligenfiguren und Madonnenstatuen, die, nüchtern betrachtet, aus Holz sind, aus Stein, Gips oder Gold?

Durch Aufladung und die unbändige Urkraft tiefenwirksamer Symbolik und ewig gültiger Archetypik (etwa dem Ursymbol »Liebende Mutter mit Kind«) und durch die Überlebens-Programmierung unseres Unbewussten geschehen Wunder, wird auch Spontanheilung möglich. In uns sind so viele Möglichkeiten angelegt, durch uns können so starke Kräfte wirken, doch unser Kopf mit seiner so genannten Intelligenz und unsere Denkfehler (Komplexe) lassen die Gotteskraft allzu oft nicht zu.

Dazu kommt der Wahnsinn, der uns täglich an Ängsten eingeredet wird. Seien Sie auf der Hut und wachsam, was Ihnen gut tut. Das Aufsuchen von heiligen Figuren hilft, die heilsamen Kräfte in Ihnen zu stärken und bisher nicht gelebte Potenziale freizulegen.

Dasselbe gilt in etwas abgewandelter Form auch inmitten kultisch geladener Steinkreise im Wald oder bei einem gerne und ernsthaft besuchten Hexentanzplatz.

Hier sind es natürlich nicht Gebete, sondern Rituale und Zaubersprüche, die den Platz mit einer spürbaren Energie füllen. Doch sollten Sie auch hier darauf achten, ob der Platz Ihnen gut tut.

Gehen Sie immer wieder in Kirchen, suchen Sie den Heiland oder die Madonna und justieren Sie sich dann stets auf die ungefährliche Energieform.

Sie sehen und spüren die Wirkung an Altarfiguren oder Heiligenstatuen, besonders im Umfeld von Marienbildnissen alter (!) katholischer Kirchen: Beten erzeugt Schwingung und Energie. Diese Energie überträgt sich in das materielle Bildnis und nun beginnt eine Wechselwirkung, die diese faszinierende heiligende und heilende Ab-Strahlung der Figuren in viel besuchten Wallfahrtsstätten ausmacht.
Nehmen Sie nicht nur. Laden Sie selber auf. So spenden Sie für den, der nach Ihnen da ist.
Pater Frumentius, einer der angesehensten Spezialisten im Reiche des Übersinnlichen, erklärt in dem Werk »Christi gewaltige Macht«, wie solche Orte auch von der Energie der Menschen geprägt werden, die sich dort aufhalten: »Heilige Orte sind auch dort entstanden, wo viel gebetet wurde, ›durchgebetete Orte‹, wo dann auch auffallende Gebetserhörungen stattfanden.«
An gleicher Stelle warnt der weise Benediktiner vor Orten, an denen Verbrechen geschahen. Energien bleiben zumeist dort, wo sie gebildet wurden – eine alte, bahnbrechende Erkenntnis. Und: Es gibt leider auch Aufladung im Negativen. Sie können einen Platz eben nicht nur durchbeten, sondern auch verwünschen.
Wirkung stellt sich immer ein. Kraftorte wirken und deshalb ist es wichtig, sich auch möglicher negativer Wirkungen bewusst zu sein. Ich persönlich bevorzuge Marienkapellen und Keltenkultorte. Ist es ein Zufall, dass diese Plätze oft identisch sind? Schulen Sie Ihre Empfindungen, fangen Sie mit sicheren Orten an, mit

Heiligenstatuen zum Beispiel, nehmen Sie wahr, was in Ihnen vor sich geht. Je feiner Ihre Wahrnehmung wird, desto schneller nehmen Sie wahr, ob ein Kraftort heilsam für Sie ist oder nicht.

Der rechte Pfad

»Die Richtung muss stimmen«, diesen Satz kennt jeder, der über sein Leben nachdenkt oder versucht, anderen einen erbetenen Ratschlag zu geben. Guter Rat kommt selten ungefragt, wer jedoch eine Frage stellt, ist bereits auf dem rechten Weg. Denken Sie an den alles entscheidenden Wert einer Frage in der Artus-Epik.

Der ehrlich Suchende fragt.

Und an magischen Plätzen gelangt der Suchende immer zu Erkenntnissen.

Beobachten Sie doch einmal Ihre Umwelt: Die meisten Menschen wissen gar nicht, was sie wollen, dies allerdings mit großer Entschlossenheit. Was wollen Sie? Was erwarten Sie von dem Besuch eines magischen Platzes?

Wie schon öfter gesagt: Der Ort nimmt einen mit. Um dies Erleben möglich zu machen, muss einen der Ort vorbereiten, was umso leichter geht, wenn der Besucher selbst vorbereitet ist. Wenn er klar ist in seiner Motivation.

Daneben gibt es dieses schöpferische Sich-treiben-Lassen, von dem alle Kraftort-Gänger erzählen: Sie scheinen nicht zu wissen, wohin sie wollen, und sind dann genau da, wo es für sie richtig ist.

»Ich bin einfach losgefahren in der Frühe … eigenartig: Ich komme immer dahin, wo es am besten für mich ist und wo ich wichtige Menschen treffe!«
Dies funktioniert allerdings nur dann, wenn Sie in Ihrem Inneren ganz genau wissen, was gut für Sie ist.
Wer ein Ziel hat, der macht sich auf den Weg. Darin verbirgt sich eines der Urgeheimnisse der großen Pilgerpfade: All diese Wegstrecken haben irgendwo ein großes Ziel, Rom, Jerusalem, Santiago de Compostela.
Damit führen all diese magischen Pfade und alle ihre Zubringerwege, die sich als Schlangenlinien quer durch Deutschland ziehen, zu den Dreh- und Angelpunkten des abendländischen Christentums, zu den spirituellen Zentren des mittelalterlichen Machtdenkens.
Solche Wege sind mit Botschaften, Zeichen und Symbolen übersät, lebendigen, sprechenden Botschaften, die nicht nur notdürftig erhalten sind, sondern so wiedererweckt und vielsagend sind wie wohl nie zuvor.
Der suchende und beständig weiterwandernde Pilger, der tage- und wochenlang, der monatelang ein Ziel verfolgt und all die Zeichen, die genau für ihn an der richtigen Stelle aufscheinen, mit hellem Auge sehen will, begibt sich immer tiefer in einen Prozess der Transformation.
Schritt für Schritt. Denkschritt für Denkschritt.
Er sucht und findet, bewusst oder unbewusst, immer mehr sein Lebensziel. Was Wunder, dass so ein Leben erfüllter, glücklicher, erfolgreicher, vor allem gottgewollter verläuft!

»Eingeweiht sein: dies heißt, aufgenommen sein ins Zusammenspiel der Naturkräfte (…), verbunden sein, wiederverbunden im wahren Sinne der religio. Der Eingeweihte ist mit dem Geist verbunden«, schreibt Louis Charpentier in »Die Geheimnisse der Kathedrale von Chartres«.
Also: Wer auf dem Weg ist, wer das Ziel (den magischen Ort) kennt und entschlossen ist, hinzukommen, in dem hat der Wandel bereits begonnen.

Um energetische Wege, die wiederum zu Kraftorten führen, besser zu verstehen, ist es gut, auf den modernen Begriff »Datenautobahn« zurückgreifen zu können.
Denn genau mit so einem Phänomen wie der weltweiten Vernetzung hat es der Pilger zu tun, der zu Fuß, gemessenen Schrittes, seinen Weg geht. Nicht nur, dass die Strecke als Verbindung zweier Orte notwendig ist, sie ist ebenfalls Datenträger, allerdings ganz feiner Art.
Die klassischen Pilgerpfade, insbesondere der Jakobsweg, haben in Zeiten des realen Analphabetentums, also in Zeiten, da nur ein geringer Anteil der Bevölkerung lesen und schreiben konnte, ebenso alle Daten des verfügbaren Wissens übermittelt, allerdings nicht nur weltlich gesehen, sondern spirituell in Bezug auf Gott.
Das wahre Wissen über Welt und All steht auch heute noch in keinen Büchern!
Das wahre Wissen ist eingegossen in Zeichen, in Symbole, Sigillen, die rein zufällig an eine Hauswand ge-

kritzelt sein können. Das wahre Wissen kennt den Zufall: Der Zufall ist des Urwissens fleißigster Mitarbeiter.

Weshalb nun der Vergleich mit dem Internet? Dieses täuscht vor, alles zu liefern – ins Wohnzimmer. Da jedoch liegt ein großer Irrtum. Der wahre Schatz ist immer an einen Ort gebunden. Und zum wahren Ort aber heißt es: hingehen!

Ein Pilger mit offenem Herzen erlernt immer mehr die lebendige Sprache uralten Wissens, das sich nicht aufdrängt, sondern gefunden und erobert sein will.

Ein bewegendes Wissen …

Wer von Kraftort zu Kraftort pilgert, findet Gedankennetze uralter Weiser. Er begibt sich auf einen Weg der Wandlung und erlebt die Wunder der Schöpfung. Ein wichtiger Faktor dabei ist die Bewegung.

Wohl ruht der Schatz oder die Wunderkraft des Kraftortes an einem Ort, dennoch ist der Weg dorthin gleich einer Initiation.

Wer sich nicht bewegt, der kann auch nicht am wahren Platz stehen bleiben.

Anders: Wer stehen bleibt (auch in der persönlichen Entwicklung), der kommt nirgendwo hin.

Hinkommen und Ankunft sind liebend vermählt.

Auch in der Bibel wird neben dem Kraftort, also dem jeweiligen genau betonten Ort des Heilsgeschehens, die Bewegung des Protagonisten betont: »In jenen Tagen kam Jesus aus Nazareth in Galiläa und ließ sich von Johannes im Jordan taufen« (Markus 1,9).

Oder die Urstelle der Versuchung in der Wüste: Jesus begibt sich sehr bewusst dorthin: »Dann wurde Jesus vom Geist in die Wüste geführt« (Matthäus 4,1).
Der Begriff Wüste ist, sowohl wirklich als auch in der Symbolsprache der Bibel, ein klassischer magischer Ort, ein heiligender, heilender, transzendierender und oft auch vernichtender Ort. Die Wüste steht immer für Wandlung, Einsicht, Prüfung, Resonanz auf die Kraft des kargen, verwüsteten Landes.
Bewegung findet nicht nur im Äußeren statt, sondern auch ständig in uns. Setzen Sie sich doch einmal entspannt hin und beobachten Sie nur die Bewegung in Ihrem Körper, Ihre Gedanken und Gefühle. Alles ist immer in Bewegung, in Veränderung. Und je mehr wir bei uns selbst ankommen, desto mehr sind wir im Fluss mit der großen göttlichen Schöpfung.

Das persönliche Ritual

Rituale sind so alt wie die Menschheit, ihr Sinn ist uns oft nicht verständlich, denn das Ritual spricht die Sprache des Unbewussten und es spricht diese wahre Geheimsprache fließend.

Das Ritual mag befremdend wirken, dunkel, unverständlich oder lichtvoll wie die Segensgebärde eines Priesters: Doch die Wirkung ist da!

Rituale sind eine Art Geheimwissen der Schöpfung; Riten und Rituale fungieren als magische Zeichen des Unbewussten, jener unauslotbaren Steuerungszentrale unseres Lebens und Ausagierens, die nun ihre Anweisungen nach oben gibt.

Nicht umsonst leben die Agierenden aller (wirklich aller) Religionen, sowohl der großen Weltreligionen als auch sämtlicher Naturreligionen, rund um den Erdkreis von bestens ausgetüftelten und über Generationen bewährten Ritualen. Wichtig ist in diesem Zusammenhang, dass ein Ritual erst am richtigen Ort seine volle Wirkung entfaltet und dann eine wirkende Wirklichkeit wird, eine von Wissenden steuerbare Realität, die sehr oft unterschätzt wird.

Manchmal scheint mir in einer stillen Stunde, dass solche Rituale von ganz genau denen am meisten unterschätzt werden, die da sind, um das Ritual zu erleben: zum Beispiel das Kirchenvolk.

Ein bekanntes Beispiel ist die Elevation, also die Erhebung des Kelches während des Gottesdienstes. Das weithin bekannte Ritual mit einer immensen Tiefensymbolik geschieht ganz genau zur rechten Zeit, nämlich am Höhepunkt der Liturgie – und es passiert am rechten Ort.

Alte, vornehmlich katholische Kirchen sind zumeist wunderbare Kraftorte und der Bereich des Priesters sowieso. Deshalb ist dieser magische, geladene, allerheiligste Kraftentfaltungs-Bereich vom Volk peinlich abgetrennt zur feierlichen und rituellen Hebung des Kelches.

Denken Sie einmal an das Fußballspiel. Achten Sie darauf, mit welcher Inbrunst der Spielführer (Hohepriester) der siegreichen Mannschaft (also der herrschenden Hauptreligion) den Cup der Meister (Kelch) hochhebt (Elevation).

Schließen Sie die Augen und hören Sie, wie die Fans (die Glaubensgemeinschaft) reagieren!

Wird Ihnen der Unterschied deutlich? Ich will nun keineswegs anregen, dass in der Kirche gejohlt werden sollte. Doch über die Erhabenheit des Augenblicks, die Feierlichkeit und die tiefe Bedeutung des Rituals muss sich jeder Einzelne wieder mehr bewusst werden.

Das Ritual hat so viele Formen, wie es Menschen gibt, und es ist doch, paradoxerweise, immer wieder dasselbe.

Rituale sind nicht nur erhabene Gesten des weisen Hohepriesters, der würdig vor dem Volk steht und weihevolle Handlungen vollbringt, die archaisch, geheimnisvoll, eingeweiht sind.
Die wirksamsten Rituale sind zumeist recht einfach. Beobachten Sie Menschen an Ausflugszielen, nicht nur an magischen Orten. Sie werden staunen, denn ganz egal, ob Sie eine Personengruppe beobachten, die an der Autobahnraststätte aus dem Bus klettert, eine Gruppe von Bergsteigern, die am Gipfel angekommen ist, oder Badende am See: Alle Menschen haben offensichtlich das Bedürfnis, sich pausenlos in verschiedensten Ritualformen auszudrücken. Allein das Balzgehabe von Männern und Frauen ist eine Köstlichkeit.
Wie viel stärker sind die unbewussten Rituale an magischen Orten, noch dazu an Orten, die als Kraftplätze beschrieben sind.
Rituale leben von Ihrer Intuition. Wenn Sie an einem Kraftort sind, folgen Sie Ihrer Stimme und tun Sie das, was dies innere Raunen Ihnen eingibt. Führen Sie Rituale mit großem Bewusstsein aus. Seien Sie sich bewusst, was Sie tun, und bleiben Sie ganz bei der Sache. Stimmen Sie sich darauf ein.
Beobachten Sie sich doch einmal selbst, wenn Sie sich dem heiligen Bezirk, etwa Ihrem persönlichen Kraftort, nähern. Die Schritte verlangsamen sich: Was machen Ihre Hände, wie halten Sie den Kopf, wie sprechen Sie zueinander usw.

Gestalten Sie das Ritual aktiv. Sie müssen nicht niederknien, tanzen, trommeln und Sie müssen auch nicht Yoga oder Qi Gong studiert haben und vor Ort Übungen machen, die Sie in Einklang mit der Natur bringen.
Ich habe festgestellt: Je einfacher, desto besser.
Wie so oft im Leben, übertreiben Sie nicht. Nehmen Sie jene Körperhaltung ein, die Ihnen sinnvoll erscheint und die zur Geschichte des Ortes passt. Vielleicht stehen Sie an einem Gralsbereich wie jenes tiefe, aus Tuffstein herausgewaschene Becken, das klares Wasser auffängt: Formen Sie die Hände zum Kelch.
Seien Sie kreativ. Das ist das Geheimnis. Arbeiten Sie mit Steinen, mit Hölzern, mit Wasser, was immer Sie für richtig halten. Bringen Sie Ihre Ehrfurcht und Dankbarkeit zum Ausdruck oder bitten Sie um Beistand und Hilfe.
Der Ort ist Teil der Schöpfung, also lebendiger Ausdruck des höchsten Kreators, den es gibt, gab, geben wird.
Gotteskraft ist Freude am Erschaffen und Weitergabe des Schöpfungsgedankens.

Der Kraftort-Kalender

Der Jahreskreis und seine Feste

Seit Menschengedenken gibt es Regelwerke für Ackerbau, für alle die lebensnotwendigen Belange um Anbau, Pflege, Ernte, dem Abwenden oder Verhindern von Schaden der mühsam kultivierten Felder.
Besonders die Beobachtungen der Himmelskörper und die mannigfachen Wettererscheinungen brachten den Menschen dazu, das göttlich-natürliche Regelwerk zu verinnerlichen, ins Unterbewusstsein der Generationen zu graben, mündlich zu tradieren oder in verschiedenster Kalenderform niederzuschreiben.
Der so genannte hundertjährige Kalender ist solch ein Produkt. Er müsste im Übrigen siebenjähriger Kalender heißen, da er stets aus um sich selbst kreiselnden, sich aus eigenem Inneren neu gebärenden Rhythmen von sieben Jahren besteht, nicht aus hundert.
Und ganz in der Weise eines immerzu verfügbaren Wetter-Dauerkalenders, der seine Treffsicherheit aus den Generationen übergreifenden Beobachtungen der Naturphänomene nimmt, die ja immer mit dem Rad der Jahreszeiten verbunden sind – so gibt es einen Kraftort-Kalender. Dieser sagt dem sinnigen Sucher, was, wann, wo, weshalb der genau richtige Ort ist.

Die einfachste Form dieses Kalenders haben Sie in sich: Ihre Intuition.
Sie können jedoch auch gezielt vorgehen und den Jahreszeitenlauf mit der persönlichen Symbolik Ihrer Person verbinden. Alter, Geburtsdatum, Sternzeichen, Zahlenspiele mit Ihrem Namen und vieles mehr, das ich im Folgenden näher erläutern möchte. Der Kreativität sind hier überhaupt keine Grenzen gesetzt.
Seit jeher wussten die Menschen, nicht nur Priester und Eingeweihte, um die stete Wiederkunft von allem, was ist, und auch um das nie ausbleibende Gehen alles Gewordenen – dem gesetzmäßig die Ankunft folgt. Werden und Vergehen und wieder Werden …
Jeder magische Ort trägt diese Gesetze nicht nur in sich, sondern verstärkt sie vielfach. Am Kraftort spüren wir stärker als sonst die Handschrift der Jahreszeit, mehr noch: die Weltenzeit.
Der Mönch, der den so genannten hundertjährigen Kalender schuf, Dr. Mauritius Knauer (1613–1646), Abt des Klosters Langheim im Bistum Würzburg, vertrat die Auffassung, dass Gott die Welt zur Tag-und-Nacht-Gleiche im Frühling erschaffen habe. Das ist der Grund, dass der fromme Mann die Regentschaft des Jahres am 21. März wechseln lässt.
So poetisch diese These sein mag, sie setzt eine Zeiten- und damit auch Datums-Schöpfung bereits vor dem ersten Schöpfungswerk voraus – Gott schuf doch erst die Zeit, indem er Tag und Nacht trennte und die Gestirne installierte. Demnach ist der 21. März dann erst

»denkbar«, wenn die Zeit erschaffen ist. Und es gab keinen zeitgebundenen Termin – also keinen 21. März –, bevor es die Zeit gab.
Brauchbar und wichtig ist für uns als Kraftort-Sucher dennoch der Gedanke des Zeitenwechsels eines Jahres. Dazu eignet sich nichts besser als ein darstellbarer Jahreskreis, hier für unsere Zwecke das keltische Zeitenrad.
Dieser Jahreszeitenwechsel schafft ein Kommen und Gehen von Höhepunkten, uns als »Feste im Jahreskreis« bestens bekannt und zumeist auch beliebt.
Auch magische Orte feiern Feste. Und letztlich warten die Orte, dass am richtigen Tag der Richtige kommt und sich reich beschenken lässt. Orte wollen schenken, so wie die gesamte Schöpfung sich verschenken will.

Das Keltenjahr folgt, wie fast alle Jahreskreise auf der Welt, dem Kommen und Gehen von Licht und Kälte, folgt dem Jahr und den Jahreszeiten, wie wir sie kennen und wie sie von der wunderbaren Schöpfung vorgesehen sind.
Dabei handelt es sich in unseren Breiten um vier Jahreszeiten.
Im Christentum und damit in dem vom Christentum geprägten Kulturraum sprechen wir vom Kirchen-Jahreskreis, auch Kirchenjahr genannt. Dieses ist bei genauem Hinsehen jedoch mit dem weitaus älteren keltischen Jahresring ziemlich identisch.
Wer sich mehr für diese Thematik interessiert, der möge mein Buch »Keltenkulte in Bayern« lesen, denn

Bayern hat, neben Hessen, wohl die meisten Funde und damit lebendige Traditionen dieser Art bundesweit zu verzeichnen.

Zunächst teilen die Jahreszeiten das Jahr in die vier großen Sinnblöcke: Frühjahr, Sommer, Herbst und Winter.

Sie sollten dieses überaus harmonische Ganze, das sich aus vier Viertelsegmenten zusammenfügt, visualisieren, indem Sie einen Kreis zeichnen, den ein gleichschenkliges Kreuz in vier Abschnitte teilt. Wenn Sie nun jeden der vier Abschnittbögen nochmals in drei Teile unterteilen, dann haben Sie den Kreis oder das Rad zwölfgeteilt, genau wie das Zifferblatt einer Uhr, denn die so genannte Uhr-Zeit folgt den gleichen Harmonien wie das Jahr – und vielleicht sogar die Ewigkeit … nur anders!

Die zwölf Segmente versehen Sie nun mit den Monaten, egal, an welcher Stelle des Kreises Sie beginnen. Mir scheint ganz oben die Zwölf sinnvoll, wie bei der Uhr (also Dezember = oben). Die Eins entspricht folglich dem Januar.

Nun tragen Sie Ihren persönlichen Geburtstag oder Namenstag oder ein wichtiges Datum in das entsprechende Segment.

Wie wäre es zum Beispiel mit dem Tag der ersten Begegnung mit Ihrem lieben Partner?

Das klingt vielleicht sehr einfach und ist Ihnen zu läppisch, doch bei bewusstem Tun und Visualisieren, bei einem aktiven Nachdenken und jahreszeitlichen Sich-

Hineinversetzen, in welchem Segment des Kommens und Gehens des Jahreslichtes Sie persönlich das Licht der Welt erblickt haben, wird Ihnen sehr viel mehr klar werden. Und wahrscheinlich lockt ein bestimmter Kultplatz, ein magischer Ort oder eine bestimmte Kirche, genau in dem Moment, wenn Ihnen beim Hineinversetzen in den magischen Jahresring etwas klar wird.

Nun haben wir eine Art Kompass der Jahreszeiten und auch eine symbolhafte Darstellung der persönlichen Hoch-Zeits-Tage (im Wortsinne: hohe Zeit, Zeit für Feiern und Rituale). Diese können Sie nun zum Beispiel durch große keltische Feste ergänzen.

Imbolc: Die Zeit der Geburt und des Stillens (1. Februar, oft auch der Vortag, der 31. Januar)

Beltaine: Leuchtfeuer, Sommerbeginn (1. Mai)

Lughnasadh: Lughs Hochzeitstag, das Fest der Ernte, der Opfergabe (1. August)

Samhain: Jener Tag im Jahr, an dem der dünne Schleier zwischen Hierwelt und Anderswelt, also zwischen unserer gelebten Gegenwart und der Welt der Ahnen, am allerdünnsten ist (1. November)

Die Bezüge christlicher Feste und Feiertage zum keltischen Jahreskreis liegen auf der Hand. Etwa Samhain – Allerheiligen.

Schauen Sie auf Ihre Zeichnung: Es lassen sich die vier großen Keltenfeste eindeutig einem Segment des Jahreskreises zuordnen.

Und nun zu Ihrem persönlichen Freudentag.

Dies ist bei den meisten Menschen mit gutem Grund der Geburtstag, der Tag, an dem sie das unfassbare Glück hatten, geboren zu werden.
Was bedeutet Ihnen der Geburtstag?
Beispiel: Mein eigener Geburtstag fällt auf den 31. Januar. Der persönliche Tag liegt also im Winterjahreskreis.
Im Keltenrad ist es der Vorabend von Imbolc, der Zeit der Geburt und des Stillens. Es wundert mich nicht weiter, dass ich von keltischer Kultur fasziniert bin, seit ich denken kann. Der Lehrer in der Grundschule brauchte das magische Wort »Kelten« nur auszusprechen, schon hatte er all meine Aufmerksamkeit!
Folglich ist vornehmlich am Geburtstag ein Besuch bei genau dem Kraftort richtig, der dieser bewahrenden, in sich bergenden und zum Wiedergebären bereiten Energie gerecht wird.
Hier lassen sich nun keine dogmatischen Regeln aufstellen, doch scheinen mir Keltenschanzen, in denen die Präsenz der Ahnen spürbar wird, ein gutes Ausflugsziel an einem Geburtstag.
So kann jeder seine persönlichen Erfahrungen in seinen Jahreskreis eintragen und erhält nach und nach einen immer detaillierteren Kraftort-Kalender. Es macht auch Freude, die Kirchenfeste und ihre Bedeutung genauer zu studieren und sich davon zu einem Kraftortbesuch inspirieren zu lassen.

Namenstage sind Krafttage

Sie können Ihren persönlichen Kraftort durch die passende Jahreszeit finden, durch Intuition, aber auch namentlich.

Unbewusst ist das Kraftort-Gehen an besonderen Tagen, also die Verquickung von Raum, Zeit und Spiritualität, immer schon da und dem Volke ein Grundbedürfnis. Denken Sie nur an die nächtliche Wanderung nach dem Heiligen Abend zu einer besonderen Kirche zur Feier der Christmette.

»Ich habe dich bei deinem Namen gerufen«, sagt Gott in der Bibel. Die Stelle weist darauf hin, wie sehr Person, Persönlichkeit, persönliches Schicksal und Name zusammenhängen – und letztlich auch die persönliche Ansprechbarkeit der Person durch Gottes Auftrag und seinen göttlichen Willen.

Warum also feiern Sie Ihren Namenstag, das hohe Fest Ihres persönlichen Schutzheiligen, nicht an einem magischen Ort, der mit dessen Namen untrennbar verknüpft ist!

Ein Beispiel: Sie heißen Stephan. Mir fallen nun die berühmten Stephansdome und Stephanskirchen in Passau, Wien, Lindau, Nürnberg ein. Jeder Kunstführer der näheren

Umgebung wird Ihnen weitere Stephanskirchen nennen. Vielleicht kennen Sie selbst Gotteshäuser mit dieser Widmung oder einem Stephansgemälde im Inneren.
In jeder Kirche finden Sie Kraftplätze und die Umgebung alter Sakralbauten ist immer besonderes Areal.
Bleiben wir beim Beispiel Stephan: Gehen Sie nun in der Kirche Ihrer Wahl, dahin, wo eine Plastik oder ein Bild des heiligen Stephanus zu sehen ist. Lassen Sie sich ganz auf die Kräfte ein, die eben genau an diesem Ort herrschen.
Wir könnten nun den gesamten Namenstagskalender durchgehen. Heißen Sie Maria? Welcher Marienfeiertag scheint der richtige für Ihr Anliegen? Vielleicht Maria Namen? Oder Mariä Himmelfahrt? Dieser Tag hat etwas nach oben Ziehendes, etwas Erhebendes, Beglückendes. Jedoch die Auswahl ist groß: Mariä Empfängnis, Mariä Geburt, Mariä Lichtmess, Mariä Reinigung, Verkündigung, Vermählung …
Entscheiden Sie ganz aus dem Bauch. Wenn der Herzenswunsch nach einem Kind oder der Wunsch nach einer guten Geburt da ist und Ihr Denken und Sehnen überwiegt, bieten sich Mariä Geburt oder natürlich Weihnachten selbst an.
Eine Brigitte (Birgitta) könnte nach Altomünster in Bayern fahren, denn dort ist das Kloster des geheimnisvollen schwedischen Ordens und auch die Altoquelle.
Trinken Sie einen Schluck.
Welche Auswahl haben Männer, die Jakob heißen! Der Jakobsweg und dessen Zubringerpfade bilden ein Netz-

werk quer durch Europa. Die Jakobskirchen in Deutschland oder auch nur Gotteshäuser mit einer Jakobusfigur im Inneren lassen sich kaum zählen. Dort, wohin Sie intuitiv gehen werden, ist der richtige Ort.

Denn Sie werden geführt.

Ein Mann mit Namen Georg wählt vielleicht eine Georgsstatue irgendwo in der Landschaft seiner näheren Umgebung, Georg, jenen berühmten Drachenstecher, der doch immer nur den Drachenpfad, also die magische Linie zwischen zwei Kraftorten, markiert.

Geo-rg, Geo-mantie, Geo-logie, Geo-metrie: Fällt Ihnen nun auf, was Namen bedeuten können und welch intensive Hinweise auf den persönlichen heilenden Ort darin enthalten sind?

Seien Sie einfallsreich und kreativ. Vielleicht zieht es eine Eva zu ihrem Lieblingsbaum, jener Wunderlinde, von der Sie schon oft gehört haben …

Eva und der Apfel: Gar ein Apfelbaum im eigenen Garten? Gehen Sie hin und staunen Sie über die Gedankenformen, die der Ort Ihnen beschert.

Suchen Sie im Namenstagskalender Ihren Namen und achten Sie nun besonders auf die Attribute Ihres Namensheiligen. Wo hat er gewirkt? Welcher Hinweis auf Ihren Kraftort findet sich versteckt enthalten? – Es gibt immer einen Hinweis, Ihre Intuition ist grenzenlos. Auch dann, wenn Ihr Name keinem bestimmten Heiligen zuzuordnen ist, gibt es einen Ort. Vielleicht der erste Buchstabe – schon arbeitet Ihr Unbewusstes und weist Ihnen den Weg.

Die tiefe Bedeutung der Ortsnamen

Der eigene Name und der Ortsname ergeben ein magisches »Mittel«, den persönlichen Ort zu finden.
Achten Sie auf den Namen des Ortes: Nichts ist zufällig und der Lebensstrom pulsiert besonders gut erkennbar in (immer magischen) Orts- oder Flurnamen. Nicht nur das. Auch die Bezeichnung (be-Zeich-nung!) eines Landes sagt vieles: Nieder-Lande, Öster-Reich, Deutsch-Land ... Auch exotische Namen wie Osterinsel, Haiti, Bora Bora verraten alles über den Geist des Ortes – für den, der sich in der Magie des Klanges schult.
Kein Ortsname in Deutschland oder sonst wo auf der Welt ist ohne tief greifende Aussage über den Ort und dessen nähere Umgebung.
Als Kind zog es mich bei Urlauben im tiefsten Bayerischen Wald stets zu einer Einöde mit Namen »Höll« in der Gegend von Waldmünchen an der tschechischen Grenze.
Viele Jahre später erforschte ich den Platz mit meinem Wissen über Kraftplätze und ich entdeckte: Ein magischer Fleck reiht sich an den anderen, zahlreiche Schnittpunkte des Gitternetzes, unzählige ober- und unterirdische Wasseradern.

Nun hat »Höll« nichts mit der biblischen Benennung der Hölle zu tun, der Name sagt jedoch, dass tiefe Energien von unten her nach oben wollen.
Der Name erklärt, verrät immer alles: Höll, Hel-, hell: In der Hölle steckt auch das Helle, vielleicht gar das Heilige.
Sehen Sie nun die Bezeichnung der Insel Hel-goland in anderem Licht?
Betreiben Sie Privatforschungen, finden Sie die Bedeutung Ihrer Lieblingsplätze heraus.
Über Namensgebung ist viel geschrieben und recherchiert worden, das Sie sich zunutze machen können.
Ich beschränke mich auf einige Glanzlichter, um Ihren erkennenden Sinn zu schärfen: Odenwald: Odin, Wotan, auch (B)-odensee: Odins See … Keltenenergie.
Oder Odiliensberg, St. Ottilien (Odin = Wotan) … Altes Germanentum, Durchsetzungsfähigkeit.
Es macht Spaß, sich mit den Bedeutungen zu beschäftigen, und bringt oft Erstaunliches zutage.
Sie können jedoch auch ganz intuitiv an die Sache herangehen. Hören Sie einfach auf den Klang. Welche Energie herrscht bei den Hassbergen? Im Spessart? Auf der Rhön? Im Taunus? Teutoburger Wald?
Hören und fühlen Sie Klänge wie Donau-Ufer, Main, Elbe. Oder Rhein-Main-Donau-Kanal.
Wo liegt (klanglich) der Unterschied zwischen Salzburg und Sulzbach-Rosenberg?
Wann trägt ein Ort die Vorsilbe »Bad«? Dann, wenn Wasser im Spiel ist, zumeist auch heilende Energie –

oder einfach nur Lust am Geldverdienen mit zuströmenden Menschen.
Auch dies ist Energiefluss! Nomen est Omen.
Seien Sie schöpferisch. Sie werden vielleicht selbst erstaunt sein, was Sie bei Ihren Nachforschungen so alles entdecken.

Die alten Monatsnamen

Nun kennen Sie das Keltenrad, den Geist der vier Jahreszeiten, das Spiel mit dem eigenen Vornamen und das energetische Spiel mit dem Namen des Ortes.
Mit großer Wahrscheinlichkeit sind das genügend spirituelle Inputs für das intuitive Erkennen: Da gehe ich heute hin! Dies ist mein Ort!
Falls Sie indes bis jetzt immer noch keine Idee haben, welcher Ort für Sie der richtige ist, wo also Ihr ganz persönlicher Kraftort ruft, nehmen Sie den Monat Ihrer Geburt oder den Ihres Namenstages.
Ich schlage vor, mit den altdeutschen Monatsbezeichnungen zu arbeiten, die weitere Deutungsmöglichkeiten ergeben.
Die vier Teile des Keltenrades, also die Jahreszeiten-Segmente, sind logischerweise wie folgt eingeteilt:

1. Januar – Februar – März
2. April – Mai – Juni
3. Juli – August – September
4. Oktober – November – Dezember

Wieder ein Beispiel: Sie sind weiblich und heißen Klara (Ida, Klara, Ulrike haben am 8. Mai Namenstag). Glück-

wunsch! Sie liegen im Frühlingssegment und Klara war mit Franz von Assisi eng befreundet, war eine kongeniale und liebende Partnerin des wundertätigen und wegweisenden Heiligen des Hochmittelalters. Der althochdeutsche Name für Mai ist Wonnemond.
Nun seien Sie kreativ:
Mai, Frühling, Wonnemond: Warum nicht an Ihrem Namenstag oder in dessen nächster Nähe bei gutem, die nächtliche Erde weiß überstrahlendem Mondlicht eine Maiennacht in der Nähe eines Klarissenklosters oder einer Franziskanerkirche verbringen? Kennen Sie das Franziskanerkloster in Salzburg?
Warum nicht den ganz persönlichen spirituellen Kraftort-Tag mit einem liebenswerten Kurzurlaub kombinieren?

Hier nun die alten Monatsbezeichnungen, die Sie vielleicht auf interessante Wege führen. Wir beginnen mit dem Monat März, dem Monat der Tag-und-Nacht-Gleiche.

März	Lenzing
April	Ostermond
Mai	Wonnemond
Juni	Brachet
Juli	Heuertim
August	Ernting

September	Scheiding
Oktober	Gibhard
November	Nebeling
Dezember	Julmond
Januar	Hartung
Februar	Hornung

Nun lassen Sie Ihre Fantasie spielen. Haben Sie im November Namenstag oder Geburtstag? Nebeling! Eine Wanderung im Nebel oder ein Ort (in meiner unmittelbaren Umgebung gibt es einen solchen), der Nebel heißt.

Jeder Gedanke, der Sie besuchen wird und der wie ein Sonnenstrahl am magischen Ort in Sie eindringt, er wird immer der richtige sein. Wir denken viel öfter richtig und folgerichtig, als uns selbst klar ist oder sein darf. Nur lassen wir uns alles wieder ausreden. Zumeist sogar von nächsten Verwandten und Angehörigen, von denen, die »es gut meinen«, wie man so schön sagt. Hören Sie auf Ihre innere Stimme, gehen Sie Ihren ureigenen Weg. Sie werden erfahren, wie viele Geheimnisse auf Sie warten.

Orte der Liebe

BEGEGNUNGEN SIND KEIN ZUFALL

Kraftorte sind Orte der Begegnung und der beginnenden Liebe.

Haben Sie sich schon Gedanken gemacht, warum die Bekanntschaften mit anderen Menschen, besonders natürlich mit Vertretern oder Vertreterinnen des anderen Geschlechts, besonders liebevoll, intensiv und lange anhaltend sind, wenn die erste Begegnung an einem magischen Ort stattfand?

Sagen Sie jetzt nicht: »Solche wunderbaren Begegnungen kenne ich nicht.« Denn das stimmt nicht. Ich weiß es. Wer regelmäßig zu magischen Orten geht und dort durch sein gesamtes Verhalten kundtut, dass er den Ort schätzt und dass er in der glücklichen Lage ist, die vorherrschenden Energien zu erspüren, wer sehenden Auges und fühlenden Herzens erkennt und liebevoll respektiert, was der heilige Bereich ihm schenkt, der lernt andere Menschen kennen.

Gleichgesinnte!

Ganz besondere Menschen sogar. Und all diese Bekanntschaften tragen eine Art Gütesiegel der Seele. Das hat vielerlei Gründe.

Nicht jeden zieht es zu magischen Orten, noch dazu zu

ausgewählten Zeiten, wie etwa an Vollmond, Sommersonnenwende, Winterwende etc. Gott sei Dank ist es nicht die Masse, die ihre Freizeit an magischen Orten verbringt. Es ist vielmehr ein kleiner, feiner Kreis, der im Wortsinne »Kreise zieht«, etwa wie die Wellenkreise, die ein in den See geworfener Stein verursacht.
Denn das Erspüren besonderer, zum Zeitenrad passender Kraftorte bedeutet Energiearbeit, Gottesbegegnung im Naturdom. Kraftort-Gehen ebenso wie Pilgern entlang der bekannten und unbekannten energetischen Erdlinien ist und bleibt eine Sache für feinfühlige Individualisten.
Und zufällig treffen Sie ganz genau den Menschen, den Sie für Ihre weitere Entwicklung treffen müssen – am richtigen Ort. An dem Ort, der Sie heute wie magisch angezogen hat.
Zufall?
Den gibt es nicht.
Magische Orte sind eben nicht nur magisch, sondern auch magnetisch. Ihre Anziehungskraft lässt sich zumeist mit durchaus erdgebundenen Geräten messen. Warum zeigt die Kompassnadel zum Nordpol? Wegen dessen Anziehungskraft.
Machen Sie sich deshalb den Spaß und beobachten Sie die Magnetnadel an Ihrem Lieblingskraftort. Es wird Sie ebenso irritieren wie die Tatsache, dass das Handy zumeist nicht funktioniert.
Das sind nette Spielereien, doch eigentlich geht es um viel, viel mehr.

Der Ort ist ein Transmitter des großen Wissens der Gesamtschöpfung. Der Ort spricht in der Sprache der höheren Macht. Und wenn Sie zuhören, dann sehen Sie jeden Menschen anders, der ebenfalls hier am magischen Platze weilt, eben genau dem Ort, der Sie hier und heute trägt.
Dieser Mensch ist Ihnen geschickt, hat etwas mit Ihnen zu tun und es liegt nun an Ihnen, ob Sie auf ihn zugehen und so die Botschaft erfahren wollen oder nicht.
Greifen Sie zu. Natürlich nicht mit Gewalt, sondern mit Charme und Liebe.
Kraftorte sind Verstärker, Transmitter, modern gesagt: Katalysatoren des göttlichen Willens. Es gibt natürlich auch andere Sprachrohre des höchsten Schöpfers, doch heilige Bezirke gehören zu den besonderen Geschenken, die jedem offen stehen. Offen stehen im wörtlichen Sinne. Deshalb befinden sich so oft Kapellen, Kirchen, Dome, Tempel auf diesen »Gottesfeldern«. Nur vom Himmelszelt bedeckt.
Es ist wichtig, dass wir unser Bewusstsein dafür öffnen, dass die Begegnung mit Mitmenschen niemals Zufall sein kann, sondern Fügung bedeutet.

Die schönste und reinste Form der Liebe ist die Gottesbegegnung. Wer dazu fähig ist und die Bereitschaft schult, dem begegnen auch bald die richtigen Menschen.
Was ist nicht alles geschrieben, gedacht, gepredigt worden über reine Liebe, entsagende Liebe, über Christus-

liebe, über Minne, geistige Vermählungen gar – von den spirituell-materiellen Verbindungen und »chymischen Hochzeiten« der Alchemisten ganz zu schweigen.

Gewiss, Liebe ist eine »An-Sich«-Angelegenheit, sie ist rein, sie schlägt sich jedoch stets im Materiellen nieder. Warum auch nicht?

Liebe ist Anziehung, geistiger Magnetismus, geschenkte Kraft, Gnade.

Die Kraft, die alles zusammenhält, die Kraft zwischen den Bestandteilen eines Atoms ebenso wie zwischen Atomen, die Kraft zwischen den Gestirnen, die Kraft überall, sogar die Kraft dort, wo gar nichts ist, diese Kraft ist mit der Liebe identisch.

Egal, welchen Liebesroman Sie lesen, egal von wem, egal aus welcher Epoche: Es geht immer um Anziehung und um hindernde Kräfte. Die hindernden Kräfte verursachen Schmerz, können die Uranziehung jedoch niemals aufhalten.

Wir existieren in einem Urozean aus Liebe und merken es nicht.

Erst wenn wir es schaffen, das aufgeblasene Ego, all die Leidenschaften, all die übersteigerten Triebe, den Neid, Zorn, Stolz und die Geltungssucht loszulassen (die hindernden Kräfte unseres persönlichen Liebesdramas), dann werden wir uns dieses Liebes-Meeres, das uns beständig umflutet, vollends bewusst.

Und magische Orte öffnen den Kanal zu solch all-umfassender Liebe. Das Besondere an Kraftorten ist, dass etwas geschieht!

Das spürt jeder, der sich darauf einlässt. Und selbst wenn dies eigenartig-prickelnde Erleben am besonderen Platz nur die Projektion eigener innerster Anlagen und Liebesfähigkeiten sein sollte: Es geschieht etwas. Und dieses unbeschreibliche Etwas hat immer mit Liebe zu tun.

Und deshalb macht es auch Freude, es weiterzugeben. Vor allem das liebevolle, nie aufdringliche Weiterempfehlen meines besonderen magischen Ortes, eines hilfreichen Buches, einer Karte; oder die Freude, beim nächsten Mal einen Freund mitzunehmen zu einer Fahrt oder Wanderung: All dies ist Weitergabe, letztlich Liebe.

Das beschützende Wort

»Der Mensch ist segensbedürftig: Er verlangt nach Heil, Schutz, Glück und Erfüllung seines Lebens.«
Diese wahren und überdenkenswerten Worte stammen von dem berühmten Pater Frumentius Renner (1908–2000), der unendlich vielen Menschen in seelischer und psychischer Not geholfen hat, weil er die »Welt hinter der Welt« sehen konnte, weil er ebenso die oft schwer verständliche diesseitige Welt und deren eigensinnige und oft auch nichts sehende und nichts ahnende Bewohner ernst nahm und dazu die Dinge beim Namen nannte: »Es gibt das Böse, es gibt Dämonen mit starkem Vernichtungswillen – und es gibt Schutz und, wenn nötig, Rettung.«
Pater Frumentius sprach in jeder Zeile seines umfassenden Gesamtwerkes und seines Nachlasses aus, was jeder Sehende und Fühlende weiß, was aber kaum gesagt werden darf in unserer Gegenwart der gezielten Verblendung der Massen: Da tobt eine unbeschreiblich erbitterte Auseinandersetzung zwischen den Gewalten, ein Kampf, der sich in jedem Einzelnen niederschlägt. In unseren Köpfen findet er statt, Schlachtfeld ist unser eigener Körper, unsere Gedanken, unsere Gefühle. Nur

wenn wir diesen Kampf zur Ruhe bringen, in uns und unserer Umgebung, werden wir wirklich offen für die Liebe Gottes.

Nicht umsonst sehnt sich der Gegenwartsmensch, der die Spiele des Bösen hinter dem Vorhang ahnt, nach Heil und Schutz. Er hat sie nötiger denn je.

Kraftorte weisen den Weg, denn jeder Weg führt immer zu einem richtigen Ort. Dieser banale Satz ist wohl eines der größten Pilgergeheimnisse.

Magische Orte, ebenso wie heilige Stätten, sind Schutzzonen. Dies ist auch der Grund, warum sich der Suchende in Kirchen und Kapellen oft so geborgen fühlt: Es ist die dort wohltuend spürbare Aufladung und es sind die vorhandenen bergenden Ortskräfte.

Aber nicht nur Heil, Schutz, Glück und Erfüllung ersehnt der Mensch, nein, mehr noch: Der Segen muss von oben kommen. »Darum sprechen sich Menschen gegenseitig Segen zu. Sie wünschen sich Gutes. Vor allem erhoffen und erbitten sie Segen vor Gott«, schreibt Pater Frumentius in »Christi gewaltige Macht«.

Segen ist immer wirksam. Segen ist die Kraft des Wortes. Und das Wort ist Kraft, es schützt auch vor den Angriffen der kosmischen Mächte, die wahrlich nicht immer wohlmeinend sind.

»Beten, beten, beten«, pflegte Frumentius bei jeder Gelegenheit zu sagen.

Indes: Segen scheint an bestimmten Orten besser zu funktionieren als an anderen. Segen ist in der höchsten

Wirksamkeit der Wortkraft, die höhere Energien zieht, an bestimmte Plätze gebunden, so scheint es.
Man fühlt sich bei dem Gedanken an das Allerheiligste erinnert an das Kultzelt der Israeliten, an die spätere emsige Suche nach der Bundeslade oder die Suche nach dem Gral! In dem Wort »Wort« steckt nicht umsonst der »Ort«.
Das Wort heilt, erschafft, gibt Leben – und es kann auch vernichten. »Im Anfang war das Wort und das Wort war bei Gott und das Wort war Gott«, so beginnt das Johannes-Evangelium.
Gott ist das Wort?
Sind wir uns in unserem Alltag bewusst, wie machtvoll Worte sind? Sprechen wir liebevoll? Nutzen wir die segnende und Heil bringende Kraft der Worte? Ganz besonders an Kraftorten sollten wir behutsam und heilsam mit Worten umgehen.
Es lohnt sich zum Beispiel, an einem Kraftort einmal die Zehn Gebote zu lesen, wenn man den wahren Schatz, den es im Himmel und auf Erden gibt, finden will. Worte wirklicher Liebe an einem Kraftort öffnen die Herzen.

Die heilsame Veränderung

Magische Orte sind ausgewiesene Kraftplätze, seien es nun geheimnisumwitterte Keltenschanzen oder einfach nur ganz persönliche Orte.
Drachenlinien, Wunderquellen, Schlangenpfade, energetische Kreuzungen sind jedoch noch mehr als das, was bisher gesagt wurde und was überhaupt sagbar ist. Dieser »Mehrwert« verliert sich irgendwie im Nebelfeld des Unaussprechlichen.
Wichtig ist deshalb, sich der Wirkungen, der Einflussnahme der Orte sehr bewusst zu sein.

- Fühlen Sie sich stärker, wenn Sie an dem Platz waren, der für Sie der richtige ist?
- Kann es sein, dass Ihr Leben in erfolgreicheren Bahnen verläuft, seit Sie sich mit Kraftorten nicht nur beschäftigen, sondern auch hingehen?
- Fühlen Sie sich vitaler, gesunder, leistungsstärker?
- Haben Sie manchmal das Gefühl, als würden Ihnen die Dinge des Lebens »zufliegen«? Als würden innerste Wünsche unbeirrbar auf ein Ziel zustreben und Ihr Lebensziel deutlich sichtbar in den Fokus Ihres Erkenntnishorizontes rücken?

Durch den Besuch von Kraftorten wird Ihr Leben erfolgreicher, weil Sie an Kraft gewinnen. Sie erlangen ein uraltes Wissen, das Ihnen unter Umständen selbst gar nicht bewusst ist. Ihre persönlichen Kontakte gewinnen eine andere Dimension. Dimension im wörtlichen Sinne, der Aufhebung räumlicher und zeitlicher Grenzen und Einschränkungen.

Wundern Sie sich nicht, wenn etwas mit Ihnen geschieht, dafür sind die Orte da und dieses Wissen wurde immer schon genutzt.

Die Liebe steht über allem, was geschieht und wie es ihnen geschieht. Auch wenn Sie nun gesünder, vitaler, wissender, erfolgreicher werden: Sie werden mehr geliebt und Sie lieben selbst intensiver. Nur das ist langfristig wichtig. Alles andere ist letztlich nur eine Folgeerscheinung.

Sind all die wunderbaren Kirchen, Kathedralen, all die anmutigen Weihestätten, Tempel, Ritual- und Sakralbauten und Kapellen nur deswegen an bestimmten Orten, weil es dort so schön ist?

Anders gedacht: Das, was uns im Alltagsbewusstsein als schön, malerisch, hochherrlich errichtet erscheint, es ist die Manifestation von Kraft. Kraft in jedwede Richtung. Und auf die Nutzung dieser Kraft kommt es an.

All diese Orte sind im besten Sinne autoritär. Sie besitzen Eigenautorität, schöpfen ihre Kraft niemals aus Oberflächlichem, sondern aus uralter Tiefe des Daseins.

Magische Orte verdienen deshalb Pflege und Unversehrtheit. Sie sind unendlich älter, als die Menschheit

es ist, und sie werden bestehen, lange nach dem Gastspiel des so genannten Homo sapiens, der sich selbst diesen anmaßenden Namen gab und doch so wenig weiß.
Pflege und Respekt sind ein Teil der Liebe. Wer dies am Kraftort erfährt, der geht auch mit Mitmenschen liebevoller um als bisher.

Die sieben hermetischen Prinzipien

An magischen Orten gelten in wunderbar transparenter Weise die ewig gültigen Prinzipien des Daseins. Diese sind:

1. Das Prinzip der Geistigkeit
2. Das Prinzip der Entsprechung
3. Das Prinzip der Schwingung
4. Das Prinzip der Polarität
5. Das Prinzip des Rhythmus
6. Das Prinzip von Ursache und Wirkung
7. Das Prinzip des Geschlechts

Das Prinzip der Geistigkeit

Alles ist Geist – wirklich alles. Nicht nur die nicht-materielle Welt, die Welt der Strahlen, der Wellen, auch der Gedanken, sondern ebenso die Welt der Materie.
Vielleicht ist es am Anfang schwierig für jemanden, der so zu denken nicht gewohnt ist, sich einen Stein als ein geistiges Prinzip vorzustellen. Doch auch dieser scheinbar tote Stein, wie er vielleicht an einem Kraftort vor Ihnen liegt und wartet, gesehen und erkannt zu werden, ist nur eine sinnvolle (geistreiche) Anordnung von Atomen, Molekülen und Teilchen, so klein, dass wir sie heute noch nicht erkennen und benennen können. Sie folgen einem Ordnungsprinzip. Also einem geistigen Prinzip.
Manchmal drückt die hermetische Literatur das so aus: Der Weltgeist ist in allem.
Für mich ist dieser Weltgeist gleichzusetzen mit Gott, der alles durchdringt und sichtbar und spürbar inmitten von allem wirkt. So ergibt es sich auch, dass zwischen allem, was ist, ein unauflösliches Verbundensein besteht. Wenn alles mit allem zusammenhängt, kann es da noch Zufälle geben?
Dies klingt zunächst sehr einfach, doch wenn die Erkenntnis tief in Ihr Leben, in Ihren Alltag eindringt,

wird sich nicht nur Ihre Sichtweise, sondern überhaupt das Leben um Sie herum verändern.

Die Erkenntnis wächst und organisiert sich wie das Leben selbst und dessen sichtbare Geheimnisse: organisch klar, fest und lichtdurchlässig wie ein wunderbarer Bergkristall. Und sie ist auch wegweisend für das Auffinden magischer Orte, das Erkennen von Wegstrecken, das Meditieren über Erscheinungsformen der Landschaft, über die Bauart und »Zufälligkeit« von Brücken – schlicht für alles, was dem Pilger begegnen mag. Nichts ist zufällig.

Da die Welt geschaffen ist vom Schöpfergeist wie alle Welten, wirkt dieser Geist an energetisch starken Orten besonders konzentriert und mitteilsam. Solche Orte sind in der Regel dem großen Schöpfer sehr nahe, sie sind ein Kanal, eine Brücke, ein Tempel der Transformation und Kommunikation »nach oben«.

Am magischen Ort teilt der Geist sich mit. Denn dafür sind magische Orte, heilige Haine, heilige Bezirke, Pilgerpfade, Drachenlinien, wie immer die bildreiche Bezeichnung lauten mag, da.

Das Prinzip der Entsprechung

Alles entspricht sich.

Vielleicht haben Sie den berühmtesten Satz der Hermetik schon einmal gehört: »Wie oben, so unten, wie unten, so oben.«

Er entspricht dem Satz aus dem Vaterunser: »Wie im Himmel, so auf Erden.«

Wer dieses Prinzip erkennt, der kann natürlich von sich auf andere schließen – und von anderen auf sich. Etwa entsprechen sich das kollektive Unterbewusste und die darin enthaltenen einzelnen Individuen – und umgekehrt. Eine Tatsache, die Heilige und Magier gleichsam kennen und zu nutzen wissen!

Eigenartigerweise geht die Fachliteratur jedoch niemals auf das Wort an sich ein: Ent-Sprechen. Die Vorsilbe »ent« heißt doch eigentlich so viel wie »weg«, »fort« (ich entferne mich, enthalte mich ...). Eine Entsprechung wäre dann ein Sich-befreien-Können von der Notwendigkeit zu sprechen. Vielleicht weil dieses Analogiegesetz für sich selbst spricht und Worte gar nicht mehr notwendig sind?

Das wahre Wort (Gottes), egal ob gedacht oder ausgesprochen, es entspricht der Wirkung, die es tut. Das Gesetz der Entsprechung ist also ein Analogiegesetz.

Wer diese göttliche, im All waltende Analogie erkennen will und sinnvoll nutzen, kann bei sich selbst anfangen, denn auch hier gilt die Entsprechung: Wie innen, so außen.
Um sich selbst erkennen zu dürfen, müssen die alten Blockaden beseitigt werden. Darüber sind Bücherberge geschrieben worden und es gibt fast keine Religion oder Sekte, die dies nicht zum zentralen Thema gemacht hätte!
Die wohl wichtigste Voraussetzung jeder Selbsterkenntnis ist das Verzeihenkönnen. Nicht umsonst steht im Vaterunser denn auch: »Und vergib uns unsere Schuld, wie auch wir vergeben unseren Schuldigern …«
Für das Erkennen magischer Orte gilt: Die Kraft des Platzes schafft sich Entsprechung … und zwar im Besucher.
Damit ist dem Kenner der Hermetik klar: Der Ort wirkt auf den Menschen und der Mensch wirkt wiederum auf den Ort.
Wenn sich alles entspricht, müssen wir uns eine Umgebung suchen, deren Entsprechung wir gerne darstellen: Ein passender magischer Ort wäre der Anfang.

Das Prinzip der Schwingung

»Nichts ist in Ruhe, alles bewegt sich, alles ist in Schwingung ...«
So steht es in dem Grundlagenwerk »Kybalion: Eine Studie über die hermetische Philosophie des alten Ägypten«.
Das Gesetz der Schwingung ist im wahrsten Sinne hörbar. Es bedeutet den Urton der Schöpfung, ein stetes Vibrieren auf verschiedensten Wellenlängen.
Alles schwingt, wirklich alles.
Das Gesetz der Schwingung ist keineswegs Feingeisterei oder Esoterik, Glaube oder Ahnung, es ist nachweisbare, präzise messbare Naturwissenschaft. Denken Sie an die Schwingung von Radio- oder Funkwellen.
Jeder ist in der Lage, eine im Untergrund vorbeidonnernde U-Bahn zu fühlen, da der Boden sehr vernehmlich schwingt, in einer ganz bestimmten Frequenz.
Allerdings bedarf es größerer Feinfühligkeit, das Schwingen des magischen Ortes aufzunehmen und richtig einzuordnen oder gar einen Gedanken, eine Ahnung – schließlich den Willen Gottes.
Erinnern Sie sich: Im Anfang war das Wort.

Was ist ein Wort anderes als schwingender Wille? Nicht nur das Wort Gottes schwingt, sondern auch unser Wort zu Gott: das Gebet.
Beten bedeutet, die Kraft der Schwingung in ihrer bestmöglichen Form zu nutzen.
Je feiner und edler (selbstloser) die Gedanken sind, desto höher die Schwingung. Ein Stein schwingt natürlich ebenfalls oder eine Metallplatte, aber äußerst materieverbunden, also tief.
Menschen können im Stande der Heiligkeit so hohe Schwingungen erreichen, dass Materie in Licht übergeht. Der Heiligenschein ist sichtbar.
Stellen Sie sich die Schwingung ruhig wie ein Pendel vor oder einen federnden Bambusstab, der an einem Ende fixiert ist, gespannt wird, losgelassen und – eben schwingt. Alles schwingt. Und über allem steht der Geist.
Sie erkennen bei diesem Beispiel, dass die hermetischen Gesetze nicht losgelöst voneinander betrachtet werden können. Oder, um beim Thema zu bleiben, sich aufeinander einschwingen.
Für magische Orte gilt: Solche bevorzugten Stätten haben allesamt eine höhere Schwingung als die Umgebung – oder bei extrem negativer Besprechung oder vorausgegangenen Gewalttaten eine niedrige, nach unten ziehende.
Meiden Sie deshalb Orte und Plätze, an denen Sie »ein ungutes Gefühl« haben. Dieses Gefühl entsteht im Magen, in der Brust oder am Hals und es täuscht nie.

Und umgekehrt: Wenn der Platz den Besucher aufnimmt, sich also auf den Ankommenden einschwingt, und wenn Sie diese glückliche Person sein sollten – bleiben Sie da. Wer irgendwie die Möglichkeit hat, seine Wohnung nach freiem Entscheid zu wählen, sollte unbedingt auf das Gefühl achten. Gegenteilige Handlungsweisen führen, wie es leider allzu oft vorkommt, zu Zwist, Krankheit, Antriebsschwäche oder gar Tod.
Wie gesagt, magische Orte, heilige Quellen schwingen anders als die Umgebung. Der Boden unter den Füßen ist beispielsweise niemals so fest, wie er zu sein scheint. Feinfühlige spüren ein Prickeln an den Fußsohlen oder ein angenehmes Ziehen nach oben, hin zum Licht.
Diese Grundschwingung öffnet den Geist, neue Gedanken bemächtigen sich Ihrer, wenn Sie offen sind.

Das Prinzip der Polarität

Alles hat zwei Seiten. Wie wahr dieser einfache Satz doch ist. Am magischen Ort spüren und sehen Sie dies wie nirgendwo sonst.
Extreme berühren sich, Gegensätze vermählen sich oder stoßen sich ab ... die Welt ist ein überdimensionaler Magnet.
Es lohnt sich, in einer stillen Stunde am magischen Ort über folgenden Satz zu meditieren: »These und Antithese sind identisch in der Natur; Gegensätze können in Einklang gebracht werden; Extreme berühren sich; alles ist und ist nicht zu gleicher Zeit« (Kybalion).
Für mich ist das Gesetz der Polarität die Sicht der Einheit in der Vielfalt. Wir denken normalerweise dialektisch, wägen ab in Pro und Contra, jeder Schüler muss dies bei der Aufsatzform der Erörterung üben.
Dabei ist alles eins. Wählen wir zur Veranschaulichung die Urwahrheit unseres Glaubens: Es gibt Gut und Böse, also zwei Pole. Alles gehört jedoch zusammen bei der Schöpfung, dem All (dem All-es) – und eben auch beim Menschen.
Üben Sie diese Sichtweise in der Natur.

Stellen Sie sich zwischen zwei Baumstämme und entscheiden Sie, welcher der Stämme gut ist und welcher böse. Das mag kurios klingen, bringt Sie jedoch schnell der Urkuriosität in unserer Denkweise näher.
So oder so: Versöhnen Sie die zwei Bäume, die gar nicht wissen werden, wie ihnen geschieht. Und die mittlere Säule dieses wahren Naturtempels, der Ruhepol zwischen Gut und Böse – sind in diesem Fall Sie selbst.
Fühlen Sie nun, wie Einsicht und Gerechtigkeit in Ihnen spürbar werden?
Ein verbindendes Element dabei ist auch der Humor. Der sollte Ihnen nicht abhanden kommen. Jede Weltanschauung, jeder Glaube, jede Weltauslegung ohne Humor ist gefährlich. Denn nur der Humorlose ist strikt für oder gegen etwas, der Weise und der Humorvolle erkennen das Verbindende in der Polarität.
Humor bedeutet, die beiden Pole des einen Ganzen sehen und versöhnlich lächeln zu können. Beständig bekämpft sich, was doch eigentlich zusammengehört.
Magische Plätze sind Orte, die diese versöhnliche Einsicht fördern. Nicht umsonst wurde auf einem keltischen Kraftplätzen Gericht gehalten oder beraten.
Der Ort formt stets die dort gedachten Gedanken. Der magische Ort formt den »Gedanken des Ortes« allemal.

Das Prinzip des Rhythmus

Alles ist Rhythmus.
Es lohnt sich, das Gesetz des Rhythmus zu erkennen, zu verstehen und zu verinnerlichen. Nicht nur die Weltsicht wird klarer, sondern auch der Lebenserfolg schaut dann viel öfter mal gerne vorbei.
Denn Rhythmus, also beständiges Auf und Ab, Hin und Her, Takt-ergebenes Schwingen einer übergeordneten und zudem mir persönlich zugeordneten Zeiteinheit, das gibt es nicht nur in der Musik.
Aktion und Reaktion, Steigen und Fallen, Ebbe und Flut, Aufstieg und Niedergang von Nationen, Völkern, Ideologien, Weltanschauungen, Weltreligionen, Moden, so genannten Trends, den kleinen Schwestern der großen Mode: Alles schwingt auf und ab nach einem bestimmten, für Eingeweihte erkennbaren Takt. Auf die kurze Zeitspanne eines Menschenlebens bezogen ist es das Auf und Ab der Politik, der Börse, der Liebe – manchmal auch der Gesundheit …
Es geht Ihnen als Einzelmensch nicht anders als einer Galaxie oder dem kosmischen Sternennebel: Sie sind eingebunden in höhere Prinzipien, ob Sie wollen oder nicht.

Ein Beispiel, das dieses Gesetz des Rhythmus deutlich veranschaulicht: Sie stehen neben einem Menschen, der auf Sie extrem unsympathisch wirkt, unhöflich, unwirsch, muffig.
Was geschieht mit Ihnen? Sie schwingen mit, Sie müssen mitschwingen. Je feinfühliger Sie sind, desto mehr leiden Sie unter dunkler Energie in Ihrer Nähe. Und umgekehrt: Eine helle, liebenswerte Person rückt in Ihre Aura und Sie empfinden dies als äußerst angenehm. Ihr Solarplexus-Chakra entspannt und gewinnt eine andere Färbung, es geht Ihnen gut, Ihr Herz öffnet sich, Liebe schwebt im Raum ...
Wenn Sie sensibel sind und eine wache Vorstellungsgabe haben, dann werden die oben beschriebenen körperlichen Reaktionen allein schon beim Lesen aktiviert worden sein! Entspannen Sie sich wieder.
An so einfachen Beispielen sehen Sie, wie diese hermetischen Gesetze wirken und Ihr Leben und Ihre Gesundheit beeinflussen.
Achten Sie auf Ihre Umgebung.
Sie müssen sich das Gesetz der Schwingung und des Rhythmus immer wieder bewusst machen. Denn letztlich ist die Beschäftigung mit magischen Orten und heiligen Stätten nichts anderes als Aktivierung des wachen Bewusstseins der Umgebung! Ortswahl und Pflege Ihrer ganz persönlichen »Wo-bin-ich?«-Kultur. Dies bedeutet aktive Gesundheitspflege, Pflege des Wohlseins an Körper, Seele und Geist.
Für den Pilger zu magischen Orten gilt: Auch der Ort

hat seinen Rhythmus. Er ändert sich mit den vier Jahreszeiten. Und er ändert sich im Rhythmus des Weltenganzen.

Und genau dies Weltengeschehen lässt sich an einem ausgewiesenen Kraftort besser erkennen. Magische Orte sind Orte der Prophetie, der Sicht des Kommenden. Denn das, was kommt, ist immer schon da …

Das Prinzip von Ursache und Wirkung

»Die Massen des Volkes werden dahingetragen, sind ihrer Umgebung untertan. Wille und Wünsche der anderen sind stärker als sie.«
Das Kybalion, das beste und komprimierteste Werk, das ich über Hermetik kenne, behandelt die Manipulierbarkeit der Masse unter der Überschrift »Das Prinzip von Ursache und Wirkung«.
Dieses Prinzip krönt für mich die vorangehenden Prinzipien, nämlich: Geistigkeit, Entsprechung, Schwingung, Polarität, Rhythmus. Dieses Ursachen-Prinzip lässt, was das persönliche Leben, den Lebenslauf, die Karriere, Gesundheit, auch die Liebe des Einzelnen betrifft, keine Ausreden mehr zu. Es ist ein Erfolgsprinzip, schonungslos herausfordernd und mehr als hilfreich.
Das Prinzip sagt: Zufälle gibt es nicht, nur Ausreden – wie eben den Zufall.
Für alles, was geschieht, habe ich die Ursachen gesetzt. Die Selbst-Verantwortlichkeit ist nicht immer einfach, doch in ihrem tiefen Verständnis sehr befreiend. Denn Sie haben in jedem Moment die Möglichkeit, die Ursachen zu beeinflussen, wenn Ihnen das, was Sie sehen, nicht gefällt.

Dieses Prinzip von Ursache und Wirkung ist auch frei von Schuld. Das ist ganz wichtig. Es ist eine kreative Möglichkeit, Ihr Leben von nun an zu gestalten und bewusst zu leben.

Das Erkennen, Begehen und positive Nutzen von magischen Orten hat sehr viel mit Lebenserfolg zu tun. Sie wissen: Erfolg ist das, was folgt.

Sie folgen Ihren Gedanken, nämlich dem Hauptstrom Ihres Denkens über einen längeren Zeitraum hinweg. Und Ihr Leben ändert sich.

Wohin wird es sich ändern, wenn Sie sich beständig an heilsame Orte begeben oder Pilgerpfaden folgen, die sich, einer spirituellen Perlenschnur gleich, von Kraftort zu Kraftort schlängeln? An magische Plätze, die in verschlüsselter Form das Herrschaftswissen der Jahrhunderte und Jahrtausende gespeichert haben und in sich tragen?

Kraftorte bergen Kraft. Wer Kraft hat oder wessen Kraft zunimmt, der wird eigen-mächtig.

Das alles macht unglaublich Spaß und prickelt so wie der Boden auf einem besonderen magischen Fleck. Freuen Sie sich über Ihr Ego, aber erkennen Sie es und bremsen Sie es, denn paradoxerweise nimmt Ihre Eigenmacht nur dann zu, wenn das Ego begrenzt wird. Denn es neigt stets zur Maßlosigkeit. Deshalb bei aller Lebensfreude und explodierenden Kraft: Demut üben.

Alles, was Sie erhalten, wird Ihnen geschenkt – von Gott.

Wie Sie längst wissen, ist ein Kraftort nicht nur ein »schönes Ausflugsziel«. Die äußere Schönheit, Erhabenheit, was immer Sie beeindruckt, ist nur der materielle Augenschein der innen verborgenen Kraft dieses Erdpunktes. Kraft im wahrsten Sinne.

Sie können sich die hier waltende Kraft zunutze machen und in persönlichen, positiven Lebenserfolg ummünzen.

Denken Sie daran, dass alles von Gott geschenkt wird, geschenkt im Sinne eines Gnadenerweises.

Betrachten Sie an einem solchen Ort liebevoll die »Wirkungen« Ihres Lebens, in welcher Welt leben Sie? Dann erforschen Sie die Ursachen, stellen Sie an magischen Plätzen Fragen und seien Sie achtsam auf die Antworten. Und vor allem ändern Sie die Ursachen, wenn die Wirkungen Ihnen nicht mehr entsprechen.

Das Prinzip des Geschlechts

Die hermetischen Gesetze werden oft sehr unterschiedlich ausgelegt. Wer sagt schon, was die wahre historische Quelle ist, wer hat die Lehre des Hermes tradiert? Es existieren abenteuerliche Erzählungen über diese Gesetzestafeln und über deren geistigen Vater.

Einig sind sich die Interpreten beim Prinzip des Geschlechts: Es taucht in dem nun schon öfters zitierten Kybalion-Grundlagenwerk auf und es ist auch ein nicht zu übersehender Grundgedanke der Schöpfung: Alles hat ein Geschlecht, alles ist zweifach eines, alles sucht sich und ergänzt sich – oder bekämpft sich erbittert. Denn oft endet das tatsächliche Erleben von Geschlechtlichkeit in Macht, Wut und ohnmächtigem Zorn.

Wer die Regeln allerdings kennt, bleibt gelassener.

Sie sehen dieses Grundprinzip der »zwei Seiten« nicht nur, wenn Sie den Kosmos betrachten, auf magischen Orten sinnieren, vor einem Kirchenportal stehen, nein, Sie erkennen den Grundgedanken der Geschlechtlichkeit in Ihrem Alltagsleben bzw. dessen charmanter Überhöhung: der Partnerschaft. Und Sie finden alles in diesem Polaritäten-Spiel, was wir so unverzichtbar finden und Liebe nennen.

Männliche und weibliche Prinzipien sind immerzu am Werk.
Im Prinzip des Geschlechts ist immer auch die Zeugung enthalten, die Zeugung von etwas Neuem: Dieses Gesetz ist urschöpferisch. Die meisten Dinge des durchschnittlichen Menschenlebens bestehen doch darin, dass man »aus etwas nichts macht«, sei dies im menschlichen Zusammen- und Gegeneinanderleben, sei es beim Essen. Wir vernichten, um zu leben oder um zu überleben.
Anders bei der Zeugung: Durch liebende Entsprechung entsteht »aus nichts etwas«, die Zeugung wiederholt den Schöpfungsakt.
Die Geschlechtlichkeit ist überall. Im Frühjahr und Sommer ist sie sichtbarer als in der kalten, schlafenden Jahreszeit.
Jeder Fleck auf Erden hat einen ihm zugeordneten Gegenort. Bei magischen Orten ist dies deutlich erlebbar. Alles funktioniert nach einem Sender-Empfänger-Prinzip. Kirchtürme zum Beispiel haben alle einen Empfänger, zumeist in Hörweite des Glockenwerkes und in Sichtweite des Kirchturmes.
Betrachten Sie die Orte mit anderen Augen. Mit dem Bewusstsein für das Prinzip des Geschlechts.
Magische Orte sind Geber oder Nehmer. Und alles passiert auf der Basis von Schwingungen, ebenfalls einem der grundlegenden hermetischen Prinzipien.

Kirchen als Kraftorte

Das Urwissen vom rechten Ort

Beim Begehen eines Gotteshauses begegnet Ihnen das Urwissen der Menschheit. Alle Kirchen stehen auf klassischen Kraftorten. Es sind nicht nur heilige Haine, sondern zumeist ausgewiesene magische Orte, in der Regel uralte keltische Kultstätten.
Wer ein Gefühl für Kraftplätze entwickeln möchte, wer feinfühlig werden will für ganz bestimmte Erdenergien, die er dann später in freier Natur oder an seinem sehr persönlichen Energieplatz erleben kann, der braucht nur dorthin zu gehen, wo eine Kirche steht. Am besten eignen sich Plätze mit besonders alten Kirchen. Als diese gebaut wurden, konnte sich der Baumeister noch die geeigneten Standorte aussuchen.
Später war der Bauplatz rar und teuer und man baute Kirchen dort, wo schlichtweg der »Platz frei war«. Zwangsweise regierte zumeist der Geldbeutel statt die weise, abwägende und fein fühlende Auswahl eines energetisch günstigen Platzes.
Das magische Wissen der ersten Missionare, die alte Kultplätze erkannten und zugleich mit den Druiden auf einer Wissensstufe standen, war und ist enorm.
Handelt es sich doch um das spirituelle Vermögen der

iroschottischen Wandermönche, die uns im sechsten, siebten und achten Jahrhundert eine neue Religion brachten. Ohne profundes Kraftort-Erkennen hätte keiner von ihnen überlebt.

Durch ihr Urwissen ist es gelungen, alte, zumeist keltische Energieformen zu okkupieren und zu versiegeln.

Nun in unseren Tagen will die alte Kraft nach oben!

Der rechte Ort hebt, macht gesund, spirituell offen – und glücklich.

Nutzen wir das Urwissen der Wandermönche und alten Baumeister. Neben den Kirchen gibt es natürlich eine Vielzahl anderer magischer Plätze, doch sind diese meist nicht so offen-sichtlich.

Gehen Sie doch einfach einmal in eine alte Kirche und spüren Sie, was mit Ihnen passiert. Seien Sie offen und aufmerksam und bereit für Veränderungen. Werden Sie immer sensibler für die vorhandenen Kräfte und lassen Sie sich vertrauensvoll tragen von etwas, was größer ist als Sie.

Die Symbolik des Kirchenbaus

Die wohl wichtigste Nachricht über den Gottesdienst der neutestamentlichen Zeit findet sich im ersten Brief an die Korinther, den Paulus zwischen 53 und 55 n. Chr. in Ephesus geschrieben hat, in den Kapiteln 11 bis 14. Daraus geht u. a. hervor, dass die Kirche sich wesentlich vom antiken Tempel »Wohnung der Gottheit« unterscheidet, weil sie nun Haus Gottes ist, in dem Sinne, dass Gott darin wohnt und die Gegenwart Christi im allerheiligsten Altarsakrament spürbar ist.

Dies hat enorme Folgen für die bewusste Wahl des Ortes und die Symbolik alles Vorhandenen, sei es Stein, Form, Idee – vor allem auch deshalb, weil der einzelne Christ selbst als Tempel des Herrn zu sehen ist.

Die materielle Kirche entspricht der geistigen, dies ist ein zentraler Kraftort-Gedanke: Wie innen, so außen, alles entspricht sich.

Stehe ich auf besonderer Stelle oder im besonderen Raum, werde ich Teil des Ganzen und das Ganze ein Teil meiner selbst.

Die Wand des sakralen Raumes besteht aus vielen Steinen. In Kraftort-Kirchen sind die Wände schwingend, das gesamte Gotteshaus bebt leise vernehmbar als ein

nach oben klingender Resonanzkörper (sounding board), Resonanz (Zurück-Klang) für Gedanken, die hier und nur hier gedacht werden können.
Wenn dann erst die Orgel tönt und den Ton des Herzens trifft!
Besuchen Sie doch eine Templerkirche, wie sie im gesamten europäischen Raum, vor allem entlang des Jakobsweges, aufgereiht sind.
Gehen Sie in den Kölner Dom, das Ulmer Münster, nach Notre-Dame, in den Limburger Dom, den Stephansdom in Passau und in Wien oder suchen Sie eine der wunderbaren Moscheen im Orient auf. Schwingungen unter Rundkuppeln sind schlichtweg »zum Abheben«.
Dies ist der Grund, warum originale Templerkirchen, wie sie der östliche Teil des spanischen Jakobsweges (südlich von Pamplona) bietet, so rundkuppelbetont sind. Pilgern Sie nach Eunate, stellen Sie sich in die Mitte unter die Kuppel und fühlen Sie: Genau hier trifft mich der Blick der geheimnisvollen schwarzen Madonna.
Steine in den Kirchen halten und haften fürs Ganze. Dies können Sie auf magische Orte in freier Natur übertragen. Sie sehen Bäume, Quellen, Pflanzen, Tiere: Welcher Teil des großen Ganzen sind Sie? Was zieht Sie an, wo schwingen Sie mit? Meist ist genau dort, wo der scheinbar blicklose Blick hinfällt, der magische Platz, die Stelle der Transformation.

Der heilige Innenraum

Kirchen haben meist einen ähnlichen Aufbau: das Kirchenschiff, die Kanzel, der Altar, das Portal, die Apsis, das Gewölbe und der Turm.

Mit dem Kirchenschiff wird ein Bezug zum Wasser hergestellt, materiell und symbolisch. Wenngleich gemeint ist, »das Schifflein Petri wird nie untergehen« (fluctuat non mergitur), so ist doch auch die Taufe und das energetisierende Wasser angesprochen, auf dem die meisten alten Kirchen stehen: auf unterirdischen Wasseradern, die den alten Meistern der Bauzünfte bestens bekannt waren und bewusst eingesetzt wurden.

Die Mehrzahl der Kirchen ist in Kreuzform gebaut, im rechten Schnitt kreuzt beim Grundriss Querhaus und Langhaus. Wie an jeder Wegekreuzung auch, ist hier die Erdenergie besonders stark, zumeist rechtsdrehend, also anders als bei heilenden Quellen. Die so genannte Vierung holt Energien aus der Erde, auch von oben und wirkt wirbelbildend.

Der Altarraum der meisten Kirchen zeigt nach Osten, dies schafft Bezug zum hellen Licht des aufgehenden Tages. Somit sind Kirchen Morgenorte.

Die vier Himmelsrichtungen der kreuzenden Raumvektoren von Lang- und Querhaus kennen wir auch vom Keltenrad, mit dem wir unseren persönlichen Kraftort-Tag bestimmen lernten (siehe dort unter Kraftort-Kalender).

Am interessantesten sind für den Kirchen-Energetiker Portal, Apsis, Kanzel, Gewölbe, Altar und Turm.

Das Portal, vor allem bei romanischen und gotischen Kirchen, schafft eine Verbindung von innen nach außen – ganz im Sinne des Wissens um magische Orte. Nicht nur das Betreten oder Verlassen des Raumes spielt eine Rolle, es geht vielmehr um den spirituellen, den geistigen Eintritt, der oft einer kleinen Einweihung gleichkommt.

Stellen Sie sich in den Fokus eines Kirchenportales der bodenschweren, gottesburgfesten Romanik oder der himmelslodernden Gotik, lassen Sie sich auf die Schwingung, wie sie das Portal kreiert, ein.

Die Apsis, jene halbrunde Öffnung romanischer Kirchen nach Osten, schafft Öffnung zum Ewigen, Transzendenten, bricht eine materielle und zugleich geistige Bresche zu Gott. Zumeist steht der Altar, das spirituelle Kraftwerk, vor oder in der Apsis. Damit ist dieser wahrhaft hochenergetische Ort Sinn, Mitte und Ende des Raumes, gebiert fokussierende Kraftströme, hat die Funktion eines Parabolspiegels – ähnlich dem wuchtigen Portal: Erd- und Gotteskraft werden in der Apsis frei und strahlen auf die Gläubigen im Kirchenraum zurück.

Die erdschweren romanischen Kirchen mit den meterdicken Mauern und bergenden Rundbögen werden nicht zuletzt wegen ihrer wehrhaften Funktion »Gottesburgen« genannt. Dort kann man erdende Kräfte, abladende Energien ausmachen und einsetzen.
Gotische Sakralräume mit der verzückt nach oben züngelnden Energie schlanker Fialen, mystischer Spitzbögen, fenster- und lichtdurchfluteter Wände und jede Schwerkraft leugnender Stützbögen sind Pforten nach oben. Sie ermöglichen sinnliche Erfahrungen suchenden Glaubens.
Die vorgezogenen Altäre des II. Vatikanischen Konzils, die heute leider alle ehedem so weise ausgerichteten Kirchenräume bestimmen, können Sie als Kraftort-Experte schlichtweg vergessen. Sie stehen zwar optisch interessant, allerdings nur deshalb, weil sie eine uralte Energie störend dominieren. Warum? Wie bereits gesagt, alte Kirchen orientieren sich an den Gegebenheiten des weise gewählten, energetisch besonderen Ortes, sind wissend angelegt. Da, wo gepredigt werden soll, wo also Gottes Wort durch den Mund des Predigers gefiltert auf die Gläubigen kommen sollte, genau an diesem Punkt hat man früher die Kanzel erbaut.
Stellen Sie sich unter die Kanzel, egal in welcher Kirche … Wenn das Gotteshaus etwa fünfhundert Jahre zählt und mehr, dann herrscht hier eine starke und belebende Kraft: die Kraft des Wortes eben!
Seit dem II. Vatikanischen Konzil wird von dem Ambo aus gesprochen, jenem Vortragsgestell aus Holz oder,

wenn es besser gemacht ist, aus Stein. Die Predigt mag gut sein, der Platz ist es nie.

Der Kraftort-Liebhaber kann alte Kanzeln jedoch energetisch ausloten, die Kraft ist immer noch da.

Das Gewölbe der Kirche ist untrennbar mit dem Gedanken und der Notwendigkeit von Mauern und damit der Symbolik des Steins verbunden. Meditieren Sie in einer romanischen Kirche über das magische Wort »Kreuztonnengewölbe«. Wiederholen Sie das Wort mehrmals, achten Sie auf die Schwingung unter der Kreuztonne. Achten Sie auf Gedanken und Gefühle, die in Ihnen aufsteigen. Berühren Sie eine Kirchenwand in einem Kreuztonnengewölberaum mit der Hand. Fühlen Sie die Resonanz.

Und dann übertragen Sie dies Wissen an Ihren Lieblingskraftort. Auch dort gibt es ein Innen und Außen, gibt es unsichtbare Mauern, bergend, trennend, sogar schwingend und vor allem transformierend.

Der Turm als Sender

Am besten wir lassen zunächst einmal beiseite, was wir bislang an bau- und kunstgeschichtlichem Wissen über Kirchtürme gehört haben, denn die Fakten lenken so herrlich ab von dem, was den Kenner und Erfühler magischer Plätze eigentlich interessiert: die Energie.

Achten Sie auf die Energie des Turmes aus gebührender Entfernung, dann aus unmittelbarer Nähe. Schließlich gehen Sie direkt hin, berühren das Mauerwerk mit flacher Hand oder lehnen sich mit dem Rücken dagegen. Was fühlen Sie? Welche Unterschiede gibt es in Ihrer Wahrnehmung?

Ein Turm ist immer ein Sender. Zur Zeit der großen Kirchenbauten gab es noch keine Funkantennen, Handymasten, Parabolspiegel, also musste auf andere Weise strahlende Energie übers Land verteilt werden.

Betrachten Sie nun einmal den Turm einer Kirche aus respektvoller Entfernung. Tilgen Sie das postkartenschöne Bild »Kirche mit Turm in malerischer Landschaft« und achten Sie nur darauf, wie dominant der Kirchturm ist. Der Turm wirkt wie ein Pfahl in der Landschaft, der ganz genau am richtigen Punkt wissend

gesetzt wurde. Und dieser »Punkt« ist stets die Kreuzung zweier Energielinien.
Er versiegelt die zumeist uralte Energie einerseits, andererseits leitet er diese nach oben.
Kirchen und deren Türme haben keine andere Funktion, als Energien zu pfählen, zu transformieren und dann zu versenden; sie sind vielleicht nur feiner und anschaulicher als moderne Funkstellen, zumeist jedoch mächtiger (und zeitloser) in der Arbeitsweise.
Kirchtürme besitzen urmännliche Senderenergien, brauchen also einen Gegenpol (Gesetz der Polarität); der aufnehmende weibliche Pol ist zumeist nicht weit – immer in Sichtweite. Oft ist es ein benachbartes Kloster, ein Krankenhaus oder eine Schule. Sie müssen üben und ein Gespür entwickeln, dann werden Sie immer mehr sehen und verstehen.
Dies Prinzip der Geschlechtlichkeit ist auch hier verbunden mit den bereits bekannten Urgesetzen von Entsprechung, Schwingung, vor allem jedoch von Polarität, Ursache und Wirkung ... Erinnern Sie sich? Alles hat zwei Pole. Und beide Pole brauchen sich, sind voneinander abhängig. Denn sie bilden zusammen ein Ganzes.
Wenn Sie das wissen, können Sie bewusst den einen oder anderen Pol erkennen – und nutzen.
Kirchtürme geben immer ab. Denken Sie nur an das durch-dringende Läutwerk der Glocken.
In der Nähe eines Kirchturms ist zumeist reine Empfänger-Energie, aufnehmende Energie fühlbar. Machen Sie sich immer bewusst, welche Kräfte Sie zulassen,

welche gewollten (Kirchen-)Energien Sie in sich eindringen lassen.

Haben Sie je schon daran gedacht, dass der empfangende, der weibliche Pol auch das Kirchenvolk sein kann?

Es ist etwas sehr Natürliches, dass Energie verschickt und Energie empfangen wird. Wer aber bestimmt das Programm, das gezielt und beeinflussend zur Ausstrahlung kommt?

Sind Sie es selbst oder meinen Sie nur, Sie seien selbstbestimmt? Wie bewusst denken und handeln Sie? Um bewusst zu sein, müssen Sie üben, üben, üben. Das zumindest ist meine Erfahrung.

Solche und ähnliche Gedanken werden Ihnen an Plätzen mit Türmen, Sendermasten, Richtantennen, Parabolspiegeln noch oft begegnen. Sie denken Dinge, die schier unglaublich sind – wenn Sie Ihre Gedanken, die hier kontrolliert werden sollen, selbst kontrollieren und sich nicht täuschen und ablenken lassen.

Je bewusster Sie selbst sind, je präsenter Sie vor Ort werden, desto klarer und eindeutiger können Sie die Kräfte und Energien für sich nutzen.

Kraftorte im eigenen Haus

Ort ist nicht gleich Ort

Es ist unendlich wichtig, wo Sie wohnen. Die Wohnung ist der Tempel des eigenen Seins, der Körper ist der Tempel der Seele. Der Ort, an dem Sie zu Hause sind, sollte ein heilender Kraftort für Sie sein, an dem Sie Energie tanken und sich wohl fühlen.

Doch Ort ist nicht gleich Ort.

Es gibt langweilige Plätze, an denen immerhin nichts Besonderes oder gar Schlimmes passiert. Dann gibt es hochenergetische Plätze, die die Geschicke der Menschen beeinflussen, und es gibt starke Orte mit heilender Energie. Die wirken überall, auch da, wo Sie wohnen. Sie lassen sich finden, spüren, erkennen.

Diese Orte arbeiten, greifen ein in das Leben, in Körper, Geist und Seele desjenigen, der da wohnt. Und auch im eigenen Heim gilt, dass letztlich die Wirkung das Entscheidende ist. Nicht der schöne Anblick, nicht das, was andere sagen, sondern nur Ihre eigene ehrliche Wahrnehmung.

Es ist lebensentscheidend, wie und wo Sie wohnen, schlafen, lieben, essen, Gedanken bilden, zeugen, gesund oder krank werden, geboren werden und sterben.

Überlassen Sie die Wahl der Wohnung nicht nur dem Geldbeutel oder einer oberflächlichen Geschmacksintuition. Es gibt heilende Plätze und besetzte Orte. Der Benediktinermönch Pater Frumentius, ein Seher und ernster Warner, hat in seinem geheimen Archiv eindringlich auf besetzte Orte hingewiesen. Und dass es möglich ist, die Energie dieser Orte mit heiligen Ritualen und Gebeten zu verändern. Falls Sie an einem solch unguten Ort leben, sprechen Sie mit einem Seelsorger darüber, lassen Sie eine Messe lesen, beten Sie … Und wenn die Energien zu stark sind, dann suchen Sie sich längerfristig einen Platz, der Ihnen gut tut. Wichtig ist, dass Sie sich zunächst einmal bewusst machen, wie Sie sich in Ihren eigenen vier Wänden fühlen.

Ich kenne einen Krankenhaus-Architekten, der vor einem Bauvorhaben alte Pläne der Stadt studiert, um nur ja nicht auf einem alten Richtplatz zu bauen. Früher wusste man um die verheerende Wirkung des besetzten Platzes und handelte entsprechend. Es ist wie in Geistersagen: Der Ort des üblen Geschehens bleibt verdammt.

Und heute stehen an solchen Stellen Wohnhäuser!

Es gibt jedoch auch den umgekehrten Fall: den heilsamen, lichtvollen Platz. Kennen Sie diesen Typ Mensch, dem alles zu gelingen scheint, der stets auf der Lichtseite des Lebens steht? Sein Zuhause ist mit Sicherheit kein besetzter Ort.

Alte Adelsfamilien überließen beispielsweise bei so wichtigen Ereignissen wie einer Geburt selten dem Zu-

fall die Auswahl des Geburtsortes. Es war wichtig, wo ein Mensch das Licht der Welt erblickte.
Der Großteil der Menschheit ist heute jedoch auf Glück angewiesen, Glück, das so früh schon unser Leben beeinflusst. Dennoch: Zufälle und »Zufalls-Glück« gibt es nicht …
Mit dem Bewusstsein, dass Orte die Menschen mit ihrer Kraft beeinflussen, sehen Sie vielleicht Zeitungsmeldungen, vor allem solche über schlimme Schicksale, in neuem Licht. Sie fragen sich nicht mehr wie alle anderen: Wie war das möglich?, sondern: Wo war das möglich?
Und Sie betrachten Menschen, die gesund, humorvoll und lebensbejahend alt werden, mit anderen Augen: Wie leben sie und wo?
Und Sie machen sich über Ihre eigene Wohnung Gedanken. Welchen Weg nahm Ihr Leben, seit Sie hier sind? Die Energien lassen sich sehr wohl erkennen.

Der eigene Lebensbereich

Haben Sie schon einmal darüber nachgedacht, was der Begriff »Wohnlandschaft« bedeutet?
Oder: Dies ist mein persönliches »Umfeld«? Mein eigener »Lebenskreis«?
Ihr Haus/Ihre Wohnung stehen nicht nur inmitten einer Landschaft – auch wenn dies eine Stadtlandschaft ist –, Ihr Haus und Ihre Räume bilden selbst eine Landschaft, genauer: eine Komposition aus Landschaften, eben Ihren persönlichen Lebens-Raum.
Es gibt in der Wohnung magische Plätze, langweilige Stellen, »Lieblingseckerl« und auch (leider) recht verwunschene Ecken.
Die Wohnung ist der Mikrokosmos im Makrokosmos. Und alles, was für Ihre Wohnung gilt, gilt für jedes Zimmer und gilt noch für die Puppenstube der Tochter oder die Mini-Landschaft der Modelleisenbahn.
Wie im Kleinen, so im Großen, immer und überall. Wenn Sie es genau betrachten (und ehrlich sind), dann spiegelt sogar die Anordnung des Geschirrs, die An-Ordnung oder Un-Ordnung der Accessoires und der Nahrung auf dem Esstisch in der Küche oder im Wohnzimmer oder der Zustand Ihrer Schreibtischoberfläche die gesamte Wohnung und damit die Tiefenlandschaft Ihrer Seele wider.

Machen Sie den Test – jetzt. Und erschrecken Sie bitte nicht über das, was sich Ihnen vor Ihren Augen unter Umständen offenbart.

Betrachten Sie auch Ihren Küchentisch, die Anrichte, den Schreibtisch, den Schminkplatz, Ihren Garten, die einzelnen Beete, die Dachterrasse ... Was ist das für ein Mensch, der hier wohnt? Was erzählt Ihnen Ihr Umfeld über Sie?

»Ein Symbol ist ein Zeichen, welches das Unbewusste mit dem Bewussten verbindet. Es steht auf der Schwelle zwischen beiden Bereichen. Mit anderen Worten: Was geschieht, geschieht immer auf zwei Ebenen. Nichts ist nur das, wofür es gehalten wird, auch nicht im Alltag«, schreibt Harald Jordan, ein gelernter Maurer, in dem Grundlagenwerk »Räume der Kraft schaffen«.

Hier ist ein sehr wichtiger Satz ausgesprochen: Nichts ist nur das, wofür es gehalten wird.

Alles bewegt sich auf mehreren Ebenen und die Wucht und Wirksamkeit von Symbolen und Ritualen als lebensverändernde und bestimmende Kraft sollte keiner unterschätzen.

Betrachten Sie unter diesem Aspekt Ihre Wohnung: Wo hängt ein Kreuz oder ein anderes Zeugnis des Glaubens? Selbst wenn Sie die Gewerkschaftszeitung irgendwo sichtbar liegen lassen, dürfen Sie dies als Glaubenszeugnis werten.

Betrachten Sie die Zimmer Ihrer Kinder: welche Glaubensoffenbarungen an allen Ecken und Enden, vor allem an den Wänden. Die Fahne vom Fußballverein, die

Lieblingspopstars, zumeist auf Postern, die von okkulter Symbolik strotzen.
Nun bleiben Sie bei sich selbst und der Schmuck-Liturgie Ihrer Wohnung: die Fotos Ihrer Ahnen an der Wand, die Bilder und was da sonst noch so alles hängt ... Was sagt Ihnen das über sich selbst? Welchen Symbolen geben Sie in Ihrer Wohnung Macht? Sehen Sie neu. Sehen Sie anders!
Alles, was für magische Orte gilt, gilt für Ihren Wohnraum ebenso.

Doch mehr noch als bei Orten der Kraft, die in jedem Falle erhebend, berauschend, heilend, gottbegegnend, magisch, erkenntnisfördernd und vieles mehr sind, kommt es bei den eigenen vier Wänden auf die Geborgenheit an.
Sie erleben hier besonders das Gefühl und die spürbare Kraft der Höhle, des Schutzraumes. An diesen Ort können Sie sich zurückziehen, hier erfahren Sie Ruhe.
In dem Wort Geborgenheit und damit dem geistigen Komplex, den das Wort Geborgenheit klanglich umbettet, stecken Berg, bergen, Birg – auch verbergen und schließlich: die Burg. Mein Heim ist meine Burg.
Damit ist das Wichtige über den »Kraftort Zuhause« gesagt. Ist dies Ihre Burg? Ist Ihr Heim erhaben? Es muss ja nicht wie die Raubritterburg auf schroffer Felsenhöhe stehen und mit dem Hauptsöller, der Ihr stolzes Familienwappen trägt, in die Abendwolken ragen, um erhaben zu sein.

Höhe ist auch oder vor allem ein geistiger Begriff. Und ob es so ist, wie es sein soll, das spüren Sie sehr genau, wenn Sie ehrlich zu sich selbst sind.
Pflanzen, Aquarien, Steine, Mobiles, Klangwerke, Bilder, Skulpturen, Vorhänge, auch die so genannte Raumausstattung, natürlich Bücher: Wenn Sie oft genug an magischen Plätzen weilen, dann sieht Ihre Wohnung irgendwann anders aus als zuvor. Denn Ihre geschärfte Sensibilität für die Wichtigkeit eines jeden Details, Ihre Erkenntnis, dass es keine Zufälle gibt und geben kann, und der immer sicherer werdende Umgang mit den hermetischen Gesetzen zwingen Sie geradezu, die eigene Wohnung energetisch auszutarieren.
Nun werden sich die Meinungen der Besucher mehr scheiden als zuvor: »Unglaublich gemütlich! Ich weiß eigentlich gar nicht so recht warum!«, werden die einen schwärmen. Doch es wird auch die entgegengesetzte Reaktion geben.
So wie magische Orte bestimmte gleich-schwingende Geister anziehen und andere fern halten, wird es auch mit dem Tempel Ihres Körpers (und damit Ihrer Seele) geschehen.
Stellen Sie Accessoires sehr bewusst auf und achten Sie nicht zu sehr auf Wie-schmücke-ich-meine-Wohnung?-Bücher oder Feng-Shui-Regeln.
Kraftorte und Ihre eigene Intuition lehren Sie genug.

Die Wohnräume und ihre Bedeutung

Das Wissen vom richtigen Wohnen mutet sehr modern an. Menschen beginnen plötzlich, sich mit asiatischen Drachen und Windspielen zu beschäftigen, doch nur die wenigsten wissen, dass wir selbst über eine uralte Tradition vom richtigen Wohnen verfügen. Im Kirchenarchiv der Landeshauptstadt München finden sich zum Beispiel uralte Beschreibungen sinnvoll gestalteter Räume und Bauformen quer durch Deutschland. Der geistige Schatz der Ahnen resultiert daraus, dass früher viel mehr Wissen darüber vorhanden war, was gesund erhält an Leib, Seele und Geist.

Die Küche

Die Küche ist der sakrale Raum der Wohnung, die Feuerstelle. Wo würden Sie an einem magischen Ort ein Feuer anzünden, wo nicht? Wie sitzen Sie ums Feuer? Schon haben Sie die Antwort.

Da die Küche traditionell der meistgenutzte Teil des Hauses ist, sollten Sie diesem wunderbaren Raum, der die Erinnerungen ungezählter Kindheiten mit geprägt hat und in dem so viel geredet und erzählt wird, viel liebevolle Aufmerksamkeit schenken und wirklich auf jedes Detail achten. Warum nicht einen Feuerstein in den Blumentopf geben?

Bad und Toilette

»Abladender« geht's nicht. Das ist durchaus nicht negativ zu sehen, das Abladen gehört zum Leben, materiell und spirituell.

In der Kirche entspricht der abladende Platz dem Teufelstritt, also einer Dämonen bindenden Stelle, an der Sie Ihre schweren Gedanken lassen sollen. Auch die bekannten Dämonen außen an der Kirchenwand gotischer Kathedralen haben abladende Funktion – oft sind es die Wasserspeier. Erst muss das Belastende weg, damit Neues nachwächst.

Vielleicht ist Ihnen schon aufgefallen, welch gute Ideen Sie auf der Toilette oder im Bad haben? Dies ist wortwörtlich eine Folge der Erleichterung. Der Geist folgt dem Körper und umgekehrt.

Sie sollten abladende Plätze der Wohnung besonders sorgfältig pflegen, denn die Beseitigung des Verbrauchten ist ein Teil der unausweichlichen und überlebensnotwendigen Neugeburt.

Das Wohnzimmer

Nicht ohne Schmunzeln stelle ich bei Besuchen fest, dass das Wohnzimmer zumeist der langweiligste Raum in einer Wohnung ist. Vielleicht wegen der übertriebenen Rücksicht auf andere?
Gehen Sie in die Natur. Ihr magischer Lieblingsort hat immer etwas von einem Wohnzimmer. Er ist der Naturtempel, der dem suchenden Geist Heimat bietet.
Und nun denken Sie über Ihren Hauptaufenthaltsort zu Hause nach. Eben haben Sie noch in Gottes freier Natur die Sonne oder den herrlichen Vollmond genossen. Und nun diese Deckenlampe daheim, die vielleicht ein Sonderangebot war. O weh! Werden Sie aktiv und gestalten Sie Ihren Tempel so, dass er Ihnen Kraft gibt und Ihre innere Veränderung sich auch im Außen zeigt.

Arbeitsräume, Bibliothek

Wer kreativ arbeitet, dessen Arbeitszimmer ist immer ein Kraftort, ein magischer Platz. Bei Künstlern bedeutet das »Arbeitszimmer« Kern, Dreh- und Angelpunkt des gesamten Hauses. Denken Sie an die Ateliers bekannter Bildhauer, sie spiegeln den Zauber eines Ortes, an dem sich Ideen wohl fühlen und neue Gedanken zufliegen.
Hier regelt sich alles von selbst. Wenn das Arbeitszim-

mer eines Künstlers nicht in mitreißender Weise positiv geladen wäre, dann würden Sie von diesem schöpferischen Menschen heute nichts mehr wissen.
Ideal ist es, wenn Sie Arbeitszimmer und Bibliothek verbinden können. Zwischen Büchern lebt sich's wunderbar, denn ihr Inhalt ist feinstofflich stets gegenwärtig.

Kinderzimmer

Das Kinderzimmer ist der Ort des heranwachsenden Lebens. Beobachten Sie am magischen Ort, wo zarte kleine Pflänzchen gedeihen und sich lebensfroh dem Licht entgegenstrecken: Warum hier? Welche Bedingungen begünstigen das geschützte Wachstum? Sollte dies bei Ihren Kindern anders sein?

Das Schlafzimmer

Dieser Ort der Ruhe und des Erholens sollte mit großer Sorgfalt gestaltet werden. Legen Sie sich in Ihr Bett und betrachten Sie aufmerksam diesen Ort. Wirkt er beruhigend oder macht er eher nervös?
Schlafen Sie gut? Wenn nicht, was könnten Sie an dem Raum verändern? Was bringt mehr Ruhe? Ruheräume in der Wohnung sollten respektiert werden. Wer fein-

fühlig ist mit Energien, könnte zum Beispiel mit seinem Partner verabreden, dass schwierige Gespräche nie im Schlafzimmer stattfinden und Streitereien schon gar nicht. Schaffen Sie sich den Ruheraum, den Sie brauchen, um Kraft zu schöpfen für den Alltag.

Der geheiligte Raum des Unbewussten

Die Krypta, jener okkulte, mystische, oft von einer schwarzen Madonna beherrschte Raum, befindet sich im Kirchengebäude direkt unter dem Altarraum.
Doch inwieweit hilft uns das Einweihungswissen früherer Baumeister, die eigene Wohn-Kirche zu gestalten?
Es ist schwer, solche Urgrundprinzipien wie eine Krypta in der eigenen Wohnung zu verwirklichen. Sie müssten schon ein frei stehendes Haus haben, um dort die ebenerdig liegende heiligste Stelle unterirdisch mit einer Krypta zu »untermauern«.
Die Krypta mit dem das Halbdunkel beherrschenden geheimnisvollen Blick Ihrer ganz persönlichen schwarzen Madonna entspricht Ihrem ureigenen Unbewussten, auch dem eigenen Schattenreich.
Mit Krypta ist nicht der Keller gemeint.
In der Wohnung ist die Krypta dort, wo Ihre tiefste Seele schwingen kann. Vielleicht eine Ecke mit einer besonderen Statue, die über Ihre Geschicke wacht?

Keller und Speicher

Auch wenn Keller und Speicher oft in einem Atemzug genannt werden, Sie sollten energetische Unterschiede berücksichtigen und sich daran halten.

Sie sehen sich Ihren Keller an.

Sollte der Keller ein Sammelsurium von altem Tand aus vergangenen Jahren und Jahrzehnten beherbergen, sollte der Unterraum Ihres bevorzugten Daueraufenthaltes (was sonst ist die Wohnung?) eine abgedunkelte Müllhalde sein und nicht viel mehr, dann müssen Sie dringend darüber nachdenken, was Ihre Seele belastet. Zumeist sind dies Verdrängungen, nicht verziehene Kränkungen, alter Groll.

Räumen Sie Ihren Keller auf und Sie werden sehen, wie gut das auch Ihrer Seele tut.

Der Speicher ist auf umgedrehte Weise der Keller. Wie oben, so unten … erinnern Sie sich?

Im Speicher darf vor allem geistiges Gut abgelegt werden, Bücher, die Sie selten benutzen und nicht wegwerfen wollen, Akten, Erinnerungsstücke …

Auch bei einer Kirche ist das Archiv zumeist oben, hängen die Glocken den Wolken nahe, nicht im Keller.

Betrachten Sie sich den Baum der Kabbala: Der Speicher entspricht Kether, der oberen Sphäre der Schöpfung; der Keller entspricht Malkuth, dem absoluten Erdungsprinzip. Und die Einweihungspfade? Führen mitten durch Ihre Wohnung. Viel Spaß bei der Einweihung.